Maud Mannoni

Da Paixão do Ser à "Loucura" de Saber

Freud, os Anglo-Saxões e Lacan

Posfácio de

Patrick Guyomard e Alain Vanier

Tradução:

Vera Ribeiro

Psicanalista

Revisão:

Maria Izabel Oliveira Szpacenkopf

Psicanalista, membre active du CFRP-Paris, membro do Colégio Freudiano do Rio de Janeiro

Jorge Zahar Editor

Rio de Janeiro

Título original:
De la passion de l'Être à la "Folie" de savoir — Freud, les anglo-saxons et Lacan

Tradução autorizada da primeira edição francesa publicada em 1988 por Éditions Denoël, de Paris, França na coleção L'Espace Analytique dirigida por Patrick Guyomard e Maud Mannoni

Jorge Zahar Editor Ltda.
rua México 31 sobreloja
20031 Rio de Janeiro, RJ

[Edição para o Brasil]

Impressão: Tavares e Tristão Ltda.

ISBN: 2-207-23450-9 (ed. orig.)

ISBN: 85-7110-103-5 (JZE, RJ)

SUMÁRIO

À comunidade de analistas
que apoiaram nosso questionamento.
1983-1987

PREFÁCIO

Da Experiência Analítica à Formação do Analista

Uma única e mesma questão insiste ao longo de todo este livro:[1] o que no curso do trajeto de um analisando, *faz dele* um analista?

Por que — qual drama pessoal —, ou por quem — quer se trate de sua análise, de um paciente ou de um encontro amoroso —, é ele modificado? E, se a suspensão do recalcamento permite ao sujeito ter acesso a uma certa verdade de sua história, persiste o fato de que o recalcamento corre o risco, ainda assim, de vir depois encobrir novamente tudo o que invade o campo dos tabus intelectuais e desperta, através disso, os mecanismos de defesa que são os guardiães de todos os obscurantismos. Ao preconizar que os analistas fizessem um período de análise a cada cinco anos, Freud procurou evitar que estes se instalassem para sempre na poltrona, mais preocupados com a notabilidade do que com a verdade. De fato, no correr da análise, acontece o analista se defender em relação ao retorno do recalcado, a ponto de o analisando acabar se chocando, em seu próprio percurso, com aquilo de que o analista, em certos aspectos, nada quer saber. Pois bem, para o analisando, a possibilidade de dizer a verdade está presa ao desejo do analista, o qual, por sua vez, é prisioneiro de uma história coletiva inseparável do campo do inconsciente. Daí as questões do grupo, da ciência, do nome, ou seja, do que Lacan esperou interrogar por intermédio de estruturas institucionais e referenciais de trabalho instauradas a fim de manter o analista em atividade e de retirá-lo, em sua prática, de qualquer sistematização de seu procedimento. Assim, convidou-o a se deixar conduzir, na análise, por uma ordem inconsciente que é determinada pelo efeito recíproco dos inconscientes: o seu e o do paciente, ou o seu e o de outro analista que intervenha no curso de certo tipo de trabalho colegial.

Manter no analista uma abertura para o inconsciente só é possível se, ao longo dos anos, o analista tiver sabido conservar o contato com a criança e a loucura que existem nele. Foi esse o ponto que levou Reik [2] a falar no valor terapêutico, para o analista, da análise de outrem. Em toda compreensão do outro, de fato, é também um vestígio de nós mesmos que encontramos. Foi justamente essa a razão por que pareceu necessário a Lacan [3] providenciar, nas estruturas institucionais que recebem analistas, um lugar onde se desse a estes a possibilidade de falar entre si sobre a análise, a saber, sobre a parcela de impossível (e de insustentável) presente em toda análise, um lugar onde se pudesse também interrogar os riscos da formação (supervisão, etc.). Há sempre, no analista, uma certa reticência em abordar, na condução de uma análise, as questões que colocam seu próprio narcisismo em perigo; por conseguinte, isso leva a análises intermináveis em que a situação se deteriora, na impossibilidade de o paciente poder abordar na análise a questão da separação, da perda de um objeto transferencial. Ademais, a gratificação que o analista encontra ocasionalmente em suas análises pode levá-lo a evitar os contatos com os colegas e os grupos analíticos, a menos que consiga instaurar no grupo o mesmo tipo de relação de dominação (com o que isso comporta de sadomasoquismo) que estabelece em outro lugar com seus pacientes. Foi ao deslocamento dessa questão que Lacan se dedicou. A rivalidade dos analistas entre si foi por ele substituída pelo projeto de um procedimento singular, apoiado na paixão de uma busca ("paixão do ser", "caminho onde o ser se forma" [4]). Sublinhando o antagonismo entre o ensino e o saber, [5] ele chegou até mesmo a dizer que *seu discurso não se sustentaria se o saber exigisse a intermediação do ensino*. O que equivale a declarar que o único ensino válido é aquele em que o analista se coloca na posição de analisando. Daí a importância de um lugar onde o analista possa, de um lugar de analisando, produzir o não-dominável, e onde o sintoma possa ser questionado. É que o saber nasce de uma verdade desconcertante que surge onde não a esperamos.

Experiência analítica

Subsiste em toda relação analítica uma verdade que não pode ser dita enquanto fala. É pois o mito, no seio da experiência analítica, que abre caminho para a possibilidade de concretização de uma fala intersubjetiva fundamental.[6] Na relação transferencial (e isso vale para a Instituição), o sujeito está em busca de um mestre que o inicie na sabedoria, ou que lhe abra o acesso à dimensão das relações humanas. Esse mestre moral, à semelhança do pai, acha-se, no entanto, num ou noutro momento da trajetória do analisando, situado em sua discordância, e isso em relação à distância percebida entre o real e a função simbólica que ele assume. A relação com o semelhante funda-se, assim, na experiência da morte, na medida em que é a imagem idealizada que o sujeito identifica nele que, num dado momento, ele opta por matar. Essa dimensão existencial (de morte imaginária e imaginada) está presente em toda relação narcísica. Não está ausente, portanto, nem da relação dos analistas entre si nem dos conflitos de ordem narcísica do analisando, quando estes interferem nos do analista.[7]

Ocorre, de fato, o analisando (como foi o caso de H. Guntrip[8]) não poder confiar em seu analista, por mais prestigioso que ele seja. O medo de alienar sua independência pode então levar um paciente vulnerável no plano narcísico a não querer contar senão consigo mesmo, enganando seu analista. A negação da separação aí atuante mascara, nesse caso, por trás da transferência positiva, uma relação simbiótica hostil.[9] O analista pode sentir-se gratificado por um dado analisando, que satisfaz plenamente seu narcisismo de "prestador de cuidados". É apenas num só-depois, então, que ele pode situar-se no jogo de engodos instaurado e entender o que se estabelece como obstáculo no próprio cerne da transferência positiva. Aliás, esse tipo de dificuldade é mais particularmente encontrado nas chamadas análises de formação, onde as pretensões de carreira do candidato na Instituição interferem deploravelmente no que deve ser vivido numa análise. Os conflitos transferenciais podem, assim, estabelecer-se na interação das defesas narcísicas do analista e de seu paciente. Um analista pode sentir-se gratificado por seu analisando quando este renuncia a qualquer criação pessoal a fim de preservar para si (na instituição e na transferência) um lugar privilegiado junto ao analista, o qual, em contrapartida, precisa de seu paciente, ou seja, precisa ser mantido por ele num certo nível de idealização, sem se dar conta, em absoluto, do preço pelo qual o outro lhe paga essa fidelidade.

Efeitos perversos da análise

Foram esses efeitos perversos da análise no analista em formação que levaram Lacan a levantar uma questão (que ele não soube resolver): *como encontrar, nas estruturas institucionais, um lugar onde o analisando possa não só fazer o luto de seu analista, mas também colocar em comum a experiência do inconsciente com os analistas transformados em seus pares?*

Lacan sempre esteve consciente do tipo de improdutividade e esterilidade que surgem num tipo de pacientes cujas dificuldades interferem com as de seu analista, quando este se deixa aprisionar nas projeções do analisando. Ele próprio, aliás, não pôde evitar esse tipo de tropeço com alguns de seus analisandos, de quem esperava muito.

Freud compreendeu muito cedo, já em 1899,[10] o interesse de introduzir um terceiro como suporte de qualquer interrogação do sujeito. Quando um sujeito começa a falar durante a análise, ele fala, a princípio, com (ou desde) um lugar outro,[11] um lugar susceptível de lhe restituir uma questão concernente a seu ser, que está colocada ali desde sempre (sob a forma da figura do destino). Esse lugar Outro do inconsciente não pode, no entanto, ser identificado com o analista. Foi isso o que Freud compreendeu em *Sobre o narcisismo: introdução* (1914). A partir dali, como o assinalou Granoff judiciosamente, *ele se fez menos insistente como substituto* nesse lugar designado do Outro (quer se tratasse do outro feminino ou da analogia feita entre a função ocupada pelo analista e a do pai).

O que insiste, a partir dessa segunda descoberta freudiana, é o que diz respeito à experiência imaginária da relação do ser humano com seu semelhante, a experiência constitutiva, para o sujeito,[12] da relação com o estrangeiro nele, isto é, com o que se chama *eu* e que se coloca de imediato como um outro mais perfeito do que ele, o que remete o sujeito a uma dimensão de sua própria insuficiência original.[13] Freud pôde descobrir, portanto, que a análise só é possível quando o analista consegue ultrapassar, no tratamento, o *par formado pelo eu e pelo outro.*[14] É isso, de fato, o que permite captar o que acontece com o sujeito na estrutura do sintoma.[15]

As vias da formação

Nenhum avanço teórico jamais foi conquistado, para Freud, de uma maneira definitiva. Por isso ele insistiu no fato de que a ciência analítica deve ser recolocada em questão com cada paciente. Por isso mesmo ele considerou que as *vias da formação* são as do *inconsciente* do analista às voltas com o inconsciente do analisando (que lhe mostra, de certa maneira, o caminho a seguir). É que o mito do neurótico efetivamente contém em si uma *solução* oferecida para os enigmas que o sujeito se coloca. E decerto não é irrelevante que Reik tenha retomado essa idéia num momento da história da psicanálise em que o estilo de ensino dispensado corria o risco de fazer o jovem neófito pensar que o analista "possuía" as respostas para todas as perguntas. Reik temperou essa suficiência, indicando: *Cada um carrega em si um filho que tem de trazer ao mundo. O psicanalista só pode ajudar no parto.*[16] De fato, é a noção de *formação do inconsciente* que permite designar a dimensão de *busca do ser,* ou mesmo de *paixão do ser,* única capaz de dar sentido a uma verdadeira formação analítica. Foi essa mesma dimensão que, num outro momento de crise do ensino psicanalítico, foi retomada por Lacan quando ele se ergueu contra os *analistas-robôs,* sem que isso, no entanto, o poupasse de produzi-los por seu próprio turno. Mas hoje talvez nos seja possível esclarecer o que acontece com o *sintoma analista,* escutando o que, na fala amordaçada do "paciente perfeito", é-nos recolocado como uma questão atual.

O paciente perfeito

Segundo Rosemary H. Balsam,[17] um sintoma efetivamente se desenvolve nos sofisticados círculos psicanalíticos de hoje: o do *paciente perfeito.* Este se acha a tal ponto interessado no que seu analista pensa e faz que é através do crivo conceitual deste último que ele traz, no mesmo movimento em que se coloca a questão de sua dificuldade de viver, a resposta para os infortúnios que o inundam. É do suposto "saber" do analista que ele então se apropria, a ponto de se conduzir, na análise, ao mesmo tempo como o paciente que sofre e como o mestre que interpreta. Esse tipo de paciente moderno não desconhece nada dos chistes, dos lapsos e dos jogos de palavras. Instaura um jogo intelectual em cujo desenrolar o analista é como que aspirado no eu grandioso do paciente. Por intermédio do analista, o analisando procura, assim, "conter" a angústia do desmoronamento narcísico que o ameaça; protege-se do medo de um episódio de despersonalização que correria o risco de surgir se lhe voltasse à memória a lembrança de experiências precoces altamente traumáticas. R. H. Balsam evoca, assim, o caso de uma paciente que se dirigia a ela numa língua a duas vozes,[18] uma melodiosa e a outra débil e carregada de ódio perante ela mesma. Ocorreu um acidente, uma brecha no enquadre analítico, que fez a paciente mergulhar numa crise de despersonalização próxima da angústia impensável. Um dia, a analista deixou-a entrar em seu consultório sem fazer nenhuma referência ao barulho ensurdecedor que vinha dos trabalhos de reconstrução da calçada. A analista, incomodada com esse barulho, não manifestou isso e se conduziu como "analista perfeita", senhora de seus nervos. Contudo, foi esse agastamento negado pela analista que a paciente (Agathe) percebeu. De repente, ela se viu privada de todos os referenciais. A renegação da analista a remeteu à renegação concernente a seu próprio ódio, e ela não mais dispôs de palavras para dizer de sua aflição e seu desespero. A atitude "controlada" da analista deixou-a entregue a uma instância superêuica implacável. Foi como um fantasma que ela se pôs a deambular bruscamente pelo aposento, insultando-se por sua má conduta: *Não seja porca, Agathe, não faça isso* (jogar as cinzas pela janela).

Você gostaria, retrucou a analista, *de quebrar a janela?* E acrescentou: *Você está com o ar totalmente perturbado.*

Esse incidente inesperado revelou, assim, o perigo de uma situação fusional: exatamente pelo fato de a analista ter mascarado sua própria irritação, a analisanda sentiu-se imediatamente ameaçada, temendo, ao mesmo tempo, que a fragilidade (a renegação) e a violência da analista (assemelhada ao barulho da rua) não mais lhe permitissem encontrar na análise um continente para suas próprias forças destruidoras. Por isso a paciente só pôde falar de sua perturbação muito depois, numa época em que lhe foi possível assumir na transferência uma situação *não-fusional.* De fato, na análise, desprender-se das identificações ideais só é possível quando a destruição, a "desintegração" narcísica não surge como uma ameaça no paciente.

No discurso sustentado por um sujeito, há algo que ultrapassa seu querer. O paradoxo, o imprevisto, o acidente produzem significantes que se engatam e geram efeitos de sentido. É aí que fica em jogo uma verdade num nível diferente do nível do eu do sujeito. É que, repetimos, há alguma coisa que funciona no inconsciente mais além do par formado pelo *eu e o outro*:[19] é com uma entidade estrutural que a análise tem que se haver. O importante numa análise, portanto, são os momentos em que o sujeito é surpreendido pela emergência de uma fala: não apenas porque esta lhe surge como se não lhe pertencesse, mas porque uma verdade só pode surgir, para o analisando, ao preço de ele perceber que o conteúdo de seu discurso lhe é como que totalmente estranho. Para fazer com que a palavra seja sua, o sujeito deverá, num momento eletivo de seu percurso analítico, poder tomá-la de alguém. Assim, outra fala passível de advir irá libertá-lo do mundo em que até então estava encerrado, como foi o caso dessa paciente de R. H. Balsam. Mas isso só é possível através da prova da *separação*, abrindo acesso, através da negação e do ódio, à dimensão da *ausência* (a um espaço onde se encontram "relíquias de gozo" [20]).

Erotização da transferência

Bem próxima e, ainda assim, totalmente diferente, é a história da "paciente perfeita" relatada por Jorge de Gregorio [21] num colóquio recente. O analista, nesse caso, não percebeu o jogo de engodo e erotização da transferência para o qual sua paciente o estava arrastando. A analisanda, também terapeuta, estava iniciando um quinto período de análise aos cinqüenta e dois anos de idade. Foi sob o disfarce de lingüista famosa que ela se apresentou a Gregorio, deslumbrado. A seguir, desdobrou toda uma fantasmagoria kleiniana que correspondia maravilhosamente ao referencial teórico de seu analista. Mas esse imaginário estava objetivado e achatado, confundido com a realidade. O analista tentou convencer a paciente de que o amor que ela sentia por ele continha tudo o que ela não pudera declarar ao pai falecido (morto quando a paciente ainda era pequena). *Perdi quinze anos de minha vida, que lástima não ter conhecido você mais cedo*, foi então a queixa da paciente.

O analista, fascinado pela riqueza de um material que o satisfazia, prosseguiu com sua paciente num verdadeiro dueto de amor, embora suas forças fossem ultrapassadas por uma situação que o oprimia. Não tendo sido respeitada a distância entre a exigência da necessidade e a articulação da demanda da paciente, esta não teve outro objeto de amor a abocanhar senão seu analista. Presa à resposta dele, não *pôde* deixar lugar a uma *perda* passível de ser dialetizada na transferência. Cada parceiro tornou-se, desse modo, o instrumento do desejo do outro. Faltou um lugar vazio onde colocar o significante do desejo tal como ele avança, mascarado sob seu aspecto mortífero. Na impossibilidade de que o lugar do desejo fosse arrancado do terreno da necessidade e situado além da demanda, criou-se a situação "bloqueada" que nos foi facultado ouvir: três anos de "renascimento", três anos em que o maravilhoso foi mantido por ambos os parceiros, ao preço de eles não mais poderem se deixar. Assim, tudo ficou oscilando num balanço de ódio e amor, sem que o paradoxo do desejo conseguisse, no entanto, fazer-se reconhecer. Isso mostra como a objetivação dos discursos torna evanescente *o campo da transferência*, quando é justamente nesse campo que se tenta manter, isolar e anular fragmentos de discursos amorosos. Se Rosemary H. Balsam tentou *acompanhar* sua paciente em suas errâncias, Gregorio, por sua vez, ocupou na análise uma posição de *professor*, desenvolvendo a partir daí uma relação de tipo mestre-aluno, da qual só é possível desligar-se na violência.

Querer fornecer a chave de todos os enigmas traz o risco de fazer a análise pender para o lado da onipotência. O efeito certamente pode ser uma cura sintomática, mais próxima, em seus efeitos, da sugestão do que da análise. Mas a exigência de verdade necessária ao processo analítico está bem mais próxima das construções poéticas do que de estruturas estabelecidas em nome de uma verdade absoluta. Os "pacientes-modelo" de fato se vêem, muito depressa, numa situação produtora de traumas, quando surge a questão da suspensão de uma sessão ou do término da análise. Por certo temos que aprender com a experiência negativa de tal tipo de trabalho, com pacientes que chegam a passar sua vida no divã, a ponto de, na realidade, terem sua vida "roubada" pela análise e chegarem, em alguns casos, a ser "despojados" de qualquer possibilidade de criação. Só resta então uma "ruminação" que não tem outra finalidade senão alimentar as fantasias de um analista... que acaba, por sua vez, por se esgotar numa tarefa impossível, já que se tornou prisioneiro de uma situação dual de essência fundamentalmente sadomasoquista. Assim, no caso evocado, a analisanda, sob seus aspectos de fragilidade, aparece como a única dona do jogo: é ela a verdadeira educadora do "professor"...

O analista psicossomático

Se a censura dirigida a um certo manejo do kleinianismo visa à posição de autoridade e ao abuso interpretativo do analista, que dizer de uma certa abordagem "psicossomática",[22] quando o analista chega a afirmar uma posição de *ascendência médica* sobre o corpo do paciente, enquanto a fala deste não é levada em conta? *O professor Fulano,* dizem-nos com segurança, *decidiu, no tocante a um dado paciente curado de sua colopatia funcional* (mas desenvolvendo outra forma de somatização mais grave), *devolvê-la a ele!* (para o seu bem, naturalmente). Groddeck, por seu turno, ao menos teria *feito o intestino participar da conversa...* e pedido a opinião do paciente.

Levar em conta a fala do paciente é, no entanto, o que fazem "instintivamente" muitos especialistas (como André Paraf[23]) estranhos à psicanálise, porém excelentes clínicos. O sintoma é, com efeito, uma fala *atada.* Que seja preciso, em nome da psicanálise, amordaçá-la ainda mais, é o que, no entanto, nos deixa pensativos.

R. P. Knight[24] assinalou, em 1952, os fatores que, segundo ele, alteram *o papel da formação analítica.* Dentre estes, situou *o desinteresse pela leitura (desde a década de 1940) e o desinvestimento relativo à pesquisa teórica em psicanálise; apenas o interesse clínico (concebido com base no modelo médico) ainda lhe parecia mobilizador.* Knight responsabilizou diretamente os Institutos psicanalíticos pelo que designou de efeitos de uma degradação do ensino. Trata-se de uma crítica retomada por Lacan ao recordar (em 1955) os danos ocasionados por *um saber pré-digerido, mesmo que ele resuma os dados da experiência analítica.* O saber acumulado na experiência, quando não se ordena num eixo teórico, de fato só consegue nutrir o imaginário do analista, donde um ponto de entrave ou de impasse. Os efeitos de captura do analista na história do paciente, segundo Lacan, são não apenas difíceis de abarcar, como não dão conta do alcance do processo analítico. É que o inconsciente, indicou ele, se fecha a partir do momento em que o analista *não porta mais a fala,* por acreditar que detém sua chave.

Foi justamente com essa questão do domínio que fomos confrontados durante o colóquio de junho de 1986, quando se evidenciou que a segurança do analista em sua elaboração teórica não autorizava o paciente a se aventurar fora dos caminhos previstos. Isso faz lembrar que o perigo dessa posição de dominação foi denunciado por Lacan em 1955 e o levou a querer, para remediá-la, *abrir a psicanálise à crítica de seus fundamentos, sem o que ela se degrada em efeitos de suborno coletivo.* [25]

Realidade e verdade

O campo da fala não é o da *realidade objetiva* [26] (no sentido de que, numa análise, não se trata tanto de reconstruir uma história objetivando-a), mas o da colocação em jogo *da verdade* produtora de uma fala que ultrapassa o sujeito falante.

Ali onde Melanie Klein simbolizava o mito edipiano "enxertando" simbolizações no nível da inércia êuica do sujeito, [27] seus alunos (e o mesmo se aplica aos analistas formados na *ego psychology* [psicologia do ego] ou na análise transacional) desenvolveram um sistema interpretativo que efetua uma *degradação do processo da fala,*[28] no sentido de que desaparece do discurso sustentado pelo analista um termo *mediador*. O outro fica então reduzido a uma função do eu, enquanto a fala que tenta fazer-se reconhecer situa-se bem além do eu. Os analistas, procurando distinguir o intelectual do afetivo, reforçaram assim os fenômenos de projeção imaginária do eu, acentuando com isso as defesas do sujeito (e também as do analista). Ora, se a possibilidade de o sujeito *dizer a verdade* está presa ao desejo do analista, ela depende, além disso, de uma situação em que persiste uma distância entre o que o sujeito *quer dizer* a seu analista e *aquilo que lhe diz.* [29] O que é dito pode se apresentar sob a roupagem do absurdo, da reivindicação, ou fazer parte de uma "vivência" negada pelo sujeito. Resta o fato de que o sujeito descoberto por Freud é encontrado nos atos falhos, nos chistes, etc., que são regidos pelas mesmas leis de condensação e deslocamento: trata-se sempre de *modos de en-*

gendramento de sentido pela atuação do significante.[30] Existe, em geral, uma distância entre a demanda que faz com que o analisando resolva confiar-se a um outro e aquilo que, nessa demanda, opõe-se a que as coisas transcorram tão simplesmente assim. Por isso, é com a defasagem entre a *demanda* do sujeito e seu *acesso* a um discurso onde a verdade tenta se dizer que o analista tem que se haver. Ele não pode, portanto, ficar indiferente aos *constrangimentos* que fazem com que o analisando seja levado a considerar isso ao falar do sistema de pensamento do outro (*a ponto de se descobrir modificado segundo os códigos do outro*).[31] Mas é de um lugar Outro que o sujeito tem que arrancar, portanto, uma fala própria, a fim de escapar da relação especular embusteira descrita por Melanie Klein quando ela fez do corpo da mãe a morada das projeções (pulsionais) da criança. O mundo da fantasia * kleiniana traz, de fato, o risco de não se abrir para nenhuma possibilidade dialética, quando o analista deixa de levar em conta o elemento terceiro (falo, pai) através do qual a criança pede para ser significada para além de qualquer relação cativante. É que, se o que marca o desejo do sujeito está sempre do lado de uma *falta* que pede para ser simbolizada, qualquer objetivação psicológica do analista só pode, ao contrário, alimentar as resistências do paciente e reforçar o que o rege no plano de uma lei de *desconhecimento*.[32]

O discurso do paciente, num primeiro tempo da análise, é amiúde *desviado* pelas significações atribuídas a sua dor de ser, pelo significado armazenado na loja imaginária onde se dá a unidade de seu eu. Por isso temos de lembrar que o drama da neurose remete menos às frustrações sofridas na realidade *do que aos aspectos absurdos de uma simbolização transtornada*[33] (falta da fala, traições, promessas não cumpridas, o não-dito e o desespero do adulto que cria a criança, etc.).

* Em francês, *fantaisie*. Termo equivalente a *fantasme*, sendo o primeiro usado pelos kleinianos e o segundo pelos lacanianos para traduzir o termo *Phantasie* de Freud. (N.R.)

Espaço de criação

Durante o colóquio já evocado,[34] Joyce McDougall apresentou, por sua vez, o caso de uma paciente, escritora conhecida (mas que achava não merecer sua fama literária), que entrou em análise aos quarenta anos *porque não conseguia mais escrever*. A data escolhida correspondia à idade em que seu pai havia morrido de câncer (quando a paciente tinha cinco anos). Aos quinze meses, esse pai, um belo dia, desaparecera de sua vida. "Ele está no hospital", disseram-lhe. Instaurou-se então, no nível da fantasia, uma proibição de ver e de saber. Foi através de uma vizinha que ela tomou conhecimento da morte desse pai desaparecido da fala da mãe desde seu ingresso no hospital. Menina, portanto, ela não deixou de saber do drama negado por essa mãe frágil e totalmente aparente. Passou então a protegê-la e encontrou uma escapatória na escrita e na imaginação. Evadiu-se, pois, da situação intolerável que lhe fora criada, graças à criação literária. Na adolescência, escreveu uma ópera que guardou em segredo em suas gavetas, ópera esta que foi furtada pela mãe (sem que isso fosse falado). Essa invasão materna equivaleu a uma violação: foi como se o pai lhe tivesse sido roubado pela segunda vez.

Assim, foi com o *cadáver do pai morto na boca* (para retomar a expressão de André Green) que essa escritora foi colocar a questão de sua feminilidade perante uma analista de quem havia lido um único texto, com o qual, aliás, não estava de acordo!

Além da superabundância de conteúdo fantasmático trazido para a análise, destaca-se aqui um eixo em torno do qual se ordenou o drama da neurose. De fato, *a negação* é que foi colocada pela paciente desde sua entrada em análise. A palavra, essa paciente foi tomá-la de alguém, de um outro passível de conter o ódio que a atravessava. O que adveio a libertaria em seguida das ruminações do representado e lhe permitiria tornar seu um desejo próprio, através do luto das identificações ideais de que ela trabalhou para se libertar. Desde a mais tenra infância, essa paciente soubera, através da criação de fantasias e de relatos literários, dar corpo às lacunas de uma verdade individual, ser a encenadora do que se constituíra para ela, no nível do desejo, como uma soma de proibições, defesas, projeções e denegações. Pois bem, a escrita não pôde sair do impasse com o retorno do recalcado, remeteu ao escutado e se constituiu, através disso, como ato de fala. É que a companheira da escritora era *a ausência*[35] com a qual era mantido um diálogo. Foi com o que se furtou a ser escrito que o silêncio se tornou constrangedor.

A atitude *expectante* de Joyce McDougall permitiu, aqui, que não se situasse o lugar exato ocupado pelo sujeito nas seqüências de imagens trazidas, entendendo-se que esse sujeito era também o encenador da história desejante por ele conduzida. Quando o analista procura, ao contrário, dar um *conteúdo* ao que, no espaço da ausência, ainda não consegue ser nomeado, existe o risco do surgimento de um delírio. Daí a importância de que o analista saiba ser respeitador de um espaço de criação que ele deixa ao paciente (tendo o cuidado de não furtá-lo dele). Esse lugar deixado ao *jogo* (e ao contrajogo) está, de fato, na origem de toda a possibilidade criadora.[36] Winnicott deu-lhe um lugar na análise, o da imaginação, da fantasia, concebido não como um lugar *real* (seja ele externo ou interno) aparentado com as *pulsões* ou as *frustrações*, mas como um lugar *potencial* (situado entre o subjetivo e o objetivo) que é também o da análise e da transferência. Onde Melanie Klein utilizou o lúdico para poder interpretar, Winnicott fez do brincar e de toda a *criação* um processo resgatador de cura. Acompanhou os pacientes naquilo a que chamou "experiência informe" e se levantou contra qualquer "pureza técnica", situando-a, antes, do lado do recalcamento do analista. Quanto ao sujeito inconsciente, Winnicott o situou do lado do chiste ou dos *squiggles*, ao passo que colocou a "seriedade" do lado do eu (daquilo a que chamou *falso self*).

Se há dois ausentes cuja presença hoje nos faz falta cruelmente, são de fato Winnicott e Lacan, que, à semelhança dos surrealistas e cada qual à sua maneira, lembraram que a verdade da análise está bem mais do lado da "loucura" que do da seriedade. O excesso de teorização lacaniana a partir de 1970 fez voltar hoje em dia, num retorno de balancim, o vazio conceitual próprio dos anos quarenta.[37] Em nome de um espontaneísmo antiteórico, assistimos agora à afirmação da "autoridade médica" na análise, com a suficiência daqueles a quem Lacan chamava "mestrezinhos". E, no entanto, se nos ativermos ao texto trazido pelos pacientes, perceberemos que, se há uma história que não variou ao longo do tempo, é a da transferência amorosa. Mas, se a transferência é a mola do ato analítico, ainda se faz necessário que o analista queira realmente levá-la em conta e permitir ao sujeito que esse amor ultrapasse a cerca do encerramento analítico e consiga desembocar no amor à verdade.

Amor transferencial

Duas formas de amor, dois modos do desejo acham-se em questão aqui. Sabemos que Freud se interrogou longamente sobre o estado de enamoramento, passível de aparecer no curso de uma análise, que assume o caráter do amor "verdadeiro". *A paciente,* escreveu ele, por exemplo, a esse respeito, *deixa de testemunhar o menor interesse, a menor compreensão de seu tratamento. Não quer ouvir falar nem falar ela própria senão de seu amor, para o qual pede reciprocidade; renuncia a seus sintomas ou os despreza e se declara curada.*[38]

Freud comparou esse amor à potência de um incêndio que se deflagrasse durante uma representação teatral. Mas viu também, nessa irrupção catastrófica do real, uma manifestação de *resistência.* Esta última, na verdade, tem a função de um *agente provocador* e sobrevém sempre num momento preciso do processo analítico, no qual é um outro amor ou um drama recalcado que se trata de pôr em palavras. No lugar dessa verbalização impossível e dolorosa o sujeito coloca então uma encenação que pode, repentinamente, selar a interrupção do tratamento.

Antes que se dissesse que *a resistência é o eu,* Freud indicou que *a resistência é a transferência.*[39] Já em 1894, ele percebeu a falta de liberdade interna do sujeito e percebeu a maneira como se desenvolve, sem o conhecimento deste, um obstáculo à comunicação, uma resistência. Para que esta seja superada, no entanto, é preciso que haja um desvio dialético através do mecanismo da *repetição*, para que do absurdo surja uma verdade. À noção de *realidade objetiva* opõe-se, assim, a dimensão de *realização da verdade do sujeito* (*cujo centro de gravidade constitui a síntese presente do passado*).[40] Mas essa possibilidade de *dizer a verdade* está presa ao *desejo do analista,*[41] que, esforçando-se por preservar o lugar que lhe é conferido enquanto analista, está ao mesmo tempo implicado em sua própria história edipiana na situação analítica que se tece com o paciente.

Ali onde Bataille confundiu o amor com o erotismo,[42] Lacan destacou uma outra noção do amor, a dos corpos que se exibem no *registro do prazer,* mas também a de uma busca que concerne ao *enigma do desejo* e que constitui *o amor à verdade.* Em sua leitura do *Banquete* e de *Fedro,* Lacan opôs assim à dialética do *gozo* o processo da *sublimação.* Sócrates, por sua vez, colocava seu amor aos belos discursos acima de seu amor aos corpos belos. Em sua doutrina da *sublimação,*[43] Freud parece ter ficado dividido, por sua vez, entre o que queria ser (um grande homem) e o avesso desse ideal (suas falhas e suas divagações). Entretanto, afirmou que a ética, base do vínculo social, só se fundamenta numa *renúncia,* numa *restrição dos impulsos.*

Ao distingui-lo do amor mortal que se confunde com o narcisismo, Lacan situou, além da cativação imaginária e do logro, a existência de um outro amor, que é o *dom* (dom do que não se tem). O que se ama no outro já não é, portanto, seu brilho próprio, mas *o outro como sujeito.* Foi aí que Lacan fez intervir a dimensão do *pacto,* aí onde a exigência da sublimação se escora no recurso a uma Lei que é garantia do que, entre os seres falantes, pode constituir uma *pessoa.*[44] Há assim, na busca freudiana, tal como foi reinterrogada por Lacan, uma espécie de visão ascética que, transposta para a análise de formação, aproxima-se de uma *paixão do ser,* de uma *"loucura" de saber,* e remete a uma ética da verdade, uma ética que tem de se constituir incessantemente e que nunca é adquirida de uma vez por todas. Reconhecendo a divisão do sujeito, mas opondo-se a uma ética do gozo, essa ética da verdade remete, através de um desvio imaginário, a uma nova forma de "heroísmo" e de renúncia. Dentro do amor transferencial produz-se, de fato, uma mutação que está bem próxima, a despeito de alguns, da metáfora lainguiana da "metanóia", da "conversão". É que se trata de providenciar para o ódio e a revolta uma saída onde uma palavra ainda possa ser dita, ser sustentada, sem por isso remeter o sujeito a um caos.

Lembro o admirável texto de Lacan sobre *Antígona.*[45] Segundo ele, *Antígona leva até o limite a consumação daquilo que podemos chamar de desejo puro, o puro e simples desejo de morte como tal.*[46] Pois bem, foi justamente em seguida a esse trabalho sobre Antígona que Lacan levantou, simultaneamente, a questão do desejo e a do término da análise (a "verdadeira", dizia ele, ou seja, a que prepara para o tornar-se analista). A propósito disso, ele evocou a dimensão de *desamparo (Hilflosigkeit)* que se apossa de um ser quando ele se vê confrontado, na solidão, com a angústia de sua própria morte. É que a angústia surge então como uma proteção nesse campo de desordem absoluta em que o sujeito toma conhecimento de que, em última instância, ele não tem nenhuma ajuda a esperar de ninguém. Mas que é então o desejo? Lacan respondeu a essa pergunta evocando o tratamento que Édipo infligiu a si mesmo e aquilo a que teve de renunciar para sustentar, numa espécie de transgressão, *o desejo de saber.* Essa renúncia a serviço do bem — trágica no caso de Édipo, cômica no caso de Lear — tem em comum, no plano dos destinos, que cada um, nesse caminho, avança só e traído. Mas também o "herói" é, segundo Lacan, aquele que pode ser impunemente traído. O acesso ao desejo, metonímia de nosso ser, é sempre pago, de fato, de maneira bastante pesada: *Sublimem tudo o que quiserem,* disse Freud, *mas é preciso pagá-lo com alguma coisa. Essa alguma coisa chama-se o gozo, e por esse gozo eu pago com uma libra de carne.*[47]

Foram esses temas edipianos (amor, revolta, justiça) que acompanharam Lacan ao longo de todas as suas interrogações. Como outros analistas, Lacan certamente conheceu, durante sua carreira, análises "passionais" cujo resultado foi o suicídio, mas nem por isso deixou de ser o agente das mais notáveis "conversões" criadoras das quais quase não se falou. Com os excessos, as falhas, as "loucuras", as paixões, os impasses e as divagações que são os da própria análise, temos agora, por nossa vez, de retomar a chama da análise, situando-nos não na qualidade de "herdeiros" de Lacan, mas na qualidade de analistas "modificados" pela análise e cuja dívida para com ela continua a ser imensa.

1

A Psicanálise "Didática", A Instituição, As Opções Teóricas e A Questão do Término da Análise

ANÁLISE COM FREUD

"Quando Freud", escreveu Abram Kardiner,[1] "havia situado o complexo de Édipo e identificado a homossexualidade inconsciente, não restava muito mais a fazer. Ele deixava ao paciente a tarefa de efetuar a *Durcharbeitung*, da qual ele próprio não sabia grande coisa." Essa noção do "tempo de elaboração" no processo analítico só foi adquirindo toda a sua importância progressivamente. É que Freud, como todo analista, tinha seus pontos cegos. Apesar de haver inventado o conceito de transferência, por vezes, segundo as afirmações de seus pacientes, tinha dificuldade em reconhecer as manifestações transferenciais que se apresentavam numa análise. Aliás, foi num segundo tempo que Freud avaliou a dimensão de uma outra descoberta, a da contratransferência,[2] e do papel desempenhado por ela na orientação do tratamento. Esse termo, "contratransferência", foi posteriormente utilizado de maneira pejorativa, e hoje em dia preferimos falar na "transferência do analista" (isto é, o efeito do dito do paciente no analista, efeito que reativa neste um resíduo conflitivo alimentado pela angústia e pelas defesas).

A fantasia que um paciente instaura numa análise implica, com efeito, tanto a estrutura inconsciente do analisando quanto a do analista. Do que se passa no correr da partida de fracassos que é jogada, entretanto, não sabemos grande coisa, a não ser o que se desenha no início e se repete no fim. É, pois, no curso do período intermediário que parece importante levar em conta o tempo de divagação a ser deixado ao sujeito: tempo necessário para que nasça no paciente uma fala própria, descolada da do discurso analítico. Porque, quando o tempo de compreender não é respeitado pelo analista, produz-se (como o mostrou Roustang[3] a propósito de Tausk) uma espécie de engatamento entre o imaginário e o real. O sonho cede então lugar ao delírio.

Assim, a "reação terapêutica negativa" nunca é própria unicamente do analisando, já que o analista se acha implicado na relação que se estabelece. A hostilidade ou o delírio que surgem em tal campo transferencial, além disso, não se apresentariam forçosamente da mesma maneira com outro analista. Mas é possível que enclaves inanalisáveis, como o demonstrou Stein,[4] se enlacem no projeto terapêutico ou didático do analista. Tudo o que, na análise, diz respeito ao ideal (do analista ou da instituição) constitui, de fato, um núcleo resistente à análise. Quando esse núcleo defensivo é abalado pelo trabalho analítico, assistimos à emergência do ódio, ou mesmo de estados depressivos que surgem como efeito de uma "desalienação". Essa negativa, tão indispensável de verbalizar, geralmente constitui um entrave nas análises didáticas. Os resíduos transferenciais negativos se fazem ver então sob a forma de ações na instituição analítica. Assim, algo de uma violência no analisando liga-se, por vezes, ao que, do lado do analista, permaneceu difícil de dominar no plano de sua própria transferência.

TRANSFERÊNCIA E IDEALIZAÇÃO

Uma vez que o analista encarna a análise, torna-se muito difícil para o analisando desprender-se de uma espécie de fascinação identificatória, o que tem como efeito reduzir o espaço de manobra necessário à análise. Já Freud, por sua vez (mas também Lacan), encarnava um ideal para seus alunos. Foi durante o período da vida em que estiveram mais próximos de Freud que seus alunos forneceram o melhor de seu trabalho. Mas alguns rompimentos com Freud (ou Lacan) foram, de certo modo, verdadeiras atuações suicidas, na medida em que o rompimento se traduziu, no aluno, pelo silenciamento de toda a criação ou por somatizações gravíssimas.

Se, como relembrou Ferenczi,[5] a transferência negativa constitui o "fundo de reserva" de todo analista, também a transferência positiva, no entanto, precisa ser desmascarada. Não é por acaso que foi com os mais prestigiosos analistas que se cometeram numerosos erros relativos à transferência e à resistência.[6]

Os analisandos que Freud tinha em análise didática, por sua vez, estavam presos, exatamente como seus pacientes, a sua paixão pela elaboração de um aparelho conceitual. Conheciam as regras do jogo e aderiam ao contexto imposto pelo analista. Para os alunos, de fato, opor-se a isso teria equivalido a excluir-se do grupo dos que eram íntimos de Freud. A investigação científica, a terapia pessoal e a vida pública e privada estavam de tal maneira imbricadas umas nas outras que chegamos a nos perguntar, escreveu Paul Roazen,[7] como foi que esse grupo não degenerou numa seita.

Os grupos analíticos instaurados depois de 1920 tentaram, em seguida, evitar as dificuldades inerentes ao grupo original. Regulamentaram o momento em que o analisando era autorizado a se encontrar com a Instituição (e com seu analista na Instituição). Mas os regulamentos não puderam suprimir os ciúmes da fratria e os diversos elementos passionais próprios não apenas de todas as histórias de ódio-amor, mas também dos vínculos particulares que se tecem em torno de um ideal ou de uma "causa" a ser defendida (com o que isso acarreta de cegueira).

OBJETIVOS DA ANÁLISE

Não podemos dissociar os objetivos (confessos ou inconscientes) do analista acerca da análise e seus efeitos na condução de um tratamento. Recordemos algumas etapas que marcaram a orientação da análise:[8]

Em 1895, influenciado pelas curas obtidas através do método catártico, Freud limitou a análise ao fato de *tornar consciente o inconsciente*. Contentava-se então em *curar o paciente de seu sofrimento neurótico*, consistindo o resultado da análise em votar o paciente, em seguida, a *uma infelicidade comum*. A despeito de seu pessimismo quanto ao resultado de muitos tratamentos, Freud insistiu posteriormente (em 1910) na necessidade de o futuro analista ter feito a experiência de uma análise pessoal. Já que o ensino não podia bastar à formação de um analista, foi a experiência iniciática que se tornou exigível. Em tal contexto, porém, isso remetia menos à cura do paciente do que a sua aptidão para se conhecer melhor. Quanto à cura, Freud a concebeu, em 1917,[9] em termos de uma *aptidão para amar e trabalhar*. Até 1933, portanto, a tarefa da análise era essencialmente a de uma reconstrução, através da amnésia infantil e das resistências do paciente. A noção de *estrutura do desenvolvimento mental*, por sua vez, foi abordada nos anos de 1922-1926 (quando foram introduzidos o isso, o eu e o supereu). Nessas diferentes maneiras de abordar o problema, encontramos a influência e os dilemas próprios das ciências biológicas. Ora, numa abordagem dinâmica, a ênfase é colocada no recalcado (ou no isso), ora a abordagem tópica impele a interrogar os mecanismos de defesa e as falhas do desenvolvimento.

Quanto às modificações teóricas de Freud, em 1932, elas fizeram a análise pender para duas direções opostas, conforme a maneira de interpretar a célebre frase nas *Novas conferências introdutórias*: "ali onde estava o isso, o eu deve advir" (*Wo es war, soll ich werden*) (1932). Para uns, o importante aqui é o advento do sujeito em sua história, no sentido da *realização da verdade do sujeito* (Lacan). Quem fala através do sujeito? E que significa, para o paciente, a reconquista do inconsciente? Mas também: quem deseja? E a que preço o sujeito encontra, no correr do trajeto analítico, uma fala própria? Para outros, essa afirmação de Freud deve, ao contrário, ser ultrapassada, como explicou Leo Rangell[10] durante um simpósio na América do Sul: "Nosso objetivo", disse ele, "deve ser uma mudança no ego." O analisando deve, pois, aceder a um "ego sadio", adaptado à realidade. Nessa perspectiva, abandonamos imperceptivelmente, na análise, o campo da fantasia pelo do comportamento, através de uma análise sistemática das defesas. Toda a situação analítica é assim reconduzida a uma espécie de rivalidade de eu para eu, sendo o eu concebido como um sistema de defesas. Por conseguinte, os fiascos da análise são os únicos que se acham em condição de fazer entender que a resistência da transferência pode dizer respeito a um terceiro ausente, o que ultrapassa, portanto, uma situação dual de confrontação imaginária. É que o eu, aqui designado como defesa, por vezes não passa da superfície visível de uma identificação (da filha com o pai, por exemplo). Levando as coisas mais longe, o que se destaca, pois, além de tal conflito com o analista, é o conflito do sujeito com seu próprio sexo.

TEORIA DE UMA PRÁTICA

Melanie Klein foi censurada por não ter uma teoria do eu, nem uma teoria do imaginário. Suas intervenções, tal como prestou contas delas teoricamente, de fato parecem situar-se no plano de uma realidade igual: uma parte, no entanto, é imaginária, e a outra, real. Mas a eficácia de suas intervenções prende-se inteiramente ao fato de que, pela verbalização de uma situação afetiva (a do paciente em relação ao outro da fantasia), Melanie Klein introduziu, de fato, um mito a partir do qual o analisando consegue simbolizar a realidade: "As portas do inconsciente são abertas", indicou ela. [11] É na inércia êuica do sujeito que as simbolizações são "enxertadas", o que permite ao paciente estabelecer uma série de equivalências. Melanie Klein mostrou, assim, de maneira magistral, que a fala do sujeito pode nascer a partir de uma situação em que o imaginário é introduzido naquilo que, no início da análise, estivera numa relação muito estritamente real com a realidade.

O mérito de Lacan consistiu, mais tarde, em desenvolver o que acontece com a função da fala, ao diferenciar o real, o imaginário e o simbólico. Ele insistiu, a partir dos anos

50, no fato de que a fala devia ser escutada, não no nível de uma *informação*, mas da verdade, daquela que se apreende no erro e na mentira. Todos os comentários de Lacan nesse período, aliás, podem ser considerados como respostas ao que se estava elaborando, já nessa ocasião, como um risco de fazer a análise pender — pelo fato de o discurso ouvido ser achatado apenas no nível consciente — para a análise sistêmica ou transacional. Foi isso o que ocorreu quando ele indicou que a dimensão do sujeito que fala não se confunde com o eu, ou quando insistiu em fazer reconhecer que o eu era uma miragem, sede das ilusões e lugar de paixão aberto para o desconhecimento.

Freud, como sabemos, teve o cuidado de afirmar o caráter psíquico do inconsciente. Lacan acrescentou a isso uma *teoria do desejo*, mostrando, ao mesmo tempo, que o inconsciente *não está no sujeito: o inconsciente é o discurso do Outro*.

Aí estão duas concepções da análise que não deixam de ter efeito no manejo da condução de um tratamento.

A PSICANÁLISE E A CIÊNCIA

Antes de 1914, como vimos, o analista sentia-se principalmente implicado na abordagem dinâmica de uma situação. Mas, como indicou Freud [12] já a propósito da catarse, isso pode curar os sintomas histéricos, mas deixa inalterada a estrutura. Quanto à abordagem tópica ou estrutural, desde os anos 20 até nossos dias, ela enfatizou sucessivamente, repetimos, não apenas a análise das defesas ou as interpretações em termos de relações objetais, mas também a atenção a ser dada ao comportamento gestual do paciente e a suas mudanças de expressão [13] (Balint falou sobre isso em 1950). Depois surgiu o fascínio pela lógica em sua relação com a "escrita matemática". Reencontramos assim, nos meandros dessas diversas elaborações, o vestígio "biológico" ou "tecnológico" que freqüenta os textos psicanalíticos desde os primórdios. Mas, ao dar a primazia a uma preocupação de cientificidade tingida de neopositivismo, acabamos por esvaziar a história e a fala do sujeito. Só nos resta então lembrar que, para a descoberta do inconsciente, não foram Sócrates ou Newton que deram a chave, mas sim, antes, o drama da neurose que se abre para o espaço do sonho e a tirania da transferência. [14]

A CONDUÇÃO DE UMA ANÁLISE

Voltemos agora a Freud. Ele certamente não esperava muito da análise didática e chegou até a considerá-la, numa certa época, como constituindo apenas um instrumento de seleção. Em 1937, insistiu na noção de análise interminável, enfatizando através disso a abertura (do inconsciente) que era necessário para preservar depois da análise, caso se desejasse, na qualidade de analista, preservar a escuta para os diferentes aspectos de uma relação transferencial.

A análise didática, desde os primórdios, era essencialmente considerada como um processo inacabado. O que se aconselhava ao candidato transformado em analista era uma reanálise a cada cinco anos. Mas isso era fazer pouco-caso da transferência, tanto nas interrupções bruscas da análise quanto na retomada administrativa desta com outro analista. Muitos dos dissabores de Freud com seus alunos deveram-se, aliás, à duração excessivamente curta da análise. Só depois dos anos 30 é que a atenção se voltou para o cuidado a ser tomado com o chamado período de *término da análise*. De fato, há que fazer então um trabalho de luto (no nível da separação) com o analisando, caso se queira evitar a continuação da neurose de transferência na realidade institucional (Leo Rangell). Esse período de término de análise, portanto, requer tempo, na medida em que encontramos no final os problemas do começo. O analisando é assim levado a retomar, nesse momento de sua análise, o que fez sentido para ele no trajeto percorrido, e a situar aquilo em que se tornou nessa aventura.

Os primeiros analistas, ao se referirem a sua análise com Freud, queixaram-se todos da dificuldade que havia em levar até ele o negativo. A admiração por Freud e a curta duração da análise tornavam impossível, desse modo, a análise do negativo. Quanto à idealização da análise e do analista, tinha ela por função proteger o candidato de qualquer risco de crítica. Por isso, somente a partir do fim da década de 40 (Hanns Sachs, 1947, Joan Fleming, 1961, Th. Benedek,[15] 1965) é que os analistas começaram a colocar ênfase na relação entre o analista e seu paciente durante o processo analítico.

Se a passagem ao ato constituída pela interrupção brusca de uma análise está ligada à transferência negativa do paciente, existem, por outro lado, análises que prosseguem além do necessário (sem que nada de novo advenha) e que, por sua vez, estão ligadas à transferência positiva não resolvida do analista. Assim, é a transferência do analista que aparece cada vez mais como o elemento principal do processo de término da análise. Quanto ao que termina para o analisando, não se trata tanto da análise quanto de uma certa relação contratual.

AS DIFICULDADES DA ANÁLISE DIDÁTICA

Cavou-se uma distância imensa entre 1910, data em que Freud preconizou a análise pessoal para todos os futuros analistas, depois 1920, data em que foi instaurado em Berlim e Viena o *training system* [sistema de formação], e o ano de 1987. Hoje em dia, o analista "em formação" parece, de fato, contrariamente a seus colegas de antes de 1920, preocupado acima de tudo com seu acesso a um estatuto profissional. No Congresso Internacional de Psicanálise de 1973, Adam Limentani[16] enfatizou o fato de que, no momento atual, estamos caminhando para o desaparecimento do analista "em tempo integral". Isso caminha de mãos dadas, destacou ele, com a implicação crescente da psicanálise na universidade. O ensino da psicanálise efetivamente deixou de ser privilégio das sociedades psicanalíticas. Mas o que compete às sociedades e grupos analíticos é garantir uma formação especificamente analítica, distinta dos efeitos do discurso universitário puro. Se os analisandos se interessam com freqüência, desde 1970, por outras formas de terapia (provenientes dos Estados Unidos), é porque os analistas falharam em manter nos candidatos o interesse pela psicanálise. O que quer dizer, como indagou Limentani, "esse desejo de formar analistas perfeitos, senão de garantir com isso a necessidade de um mestre"? E de enfatizar as formas de conluios narcísicos analista-aluno, cujo efeito é manter os alunos na análise, barrando-lhes o acesso a uma criação verdadeira. Isso é ainda mais lamentável quando esses mesmos alunos se vêem encurralados numa formação universitária em que a análise lhes é apresentada como puro instrumento de conhecimento do inconsciente.

Se há uma crise, portanto, ela está no nível das análises didáticas e das supervisões, que perderam a atração subversiva que tinham no começo do século, na época em que a análise tinha como efeito marginalizar aqueles que nela se engajavam. Atualmente, a análise traz uma promoção; o que não deixa de influenciar a transferência do analista para o candidato. É que, como sublinhou Limentani, se ocorre ao analisando fazer de seu analista o genitor idealizado que ele não teve, ocorre também com o analista fazer de seu paciente o filho ideal que nunca teve. Essa interação decorrente de um conluio narcísico é criadora de uma situação patológica cujos estragos puderam ser medidos já desde o tempo de Freud.

Balint,[17] durante uma conferência na Sociedade Britânica de Psicanálise (5 de novembro de 1947), insistiu na necessidade de conseguir, no decurso da análise, desligar o analisando dos efeitos de um supereu rígido demais. Assim, o analisando deve ser ajudado a tornar-se crítico. Quanto à instituição analítica, ela deve, ao contrário, manter na realidade referenciais suficientemente estritos em que fundamentar-se para validar a trajetória feita pelo candidato. Isso implica uma redefinição do que se entende por *formação* (*Ausbildungsanalyse*), que não deve ser confundida com a noção de modelo. Trata-se, idealmente, de desvincular o conceito de formação de qualquer identificação com o analista e de qualquer supereu institucional. Isso pressupõe que o trajeto do analisando não seja concebido com base no modelo do crescimento orgânico, mas antes como uma experiência do ser numa relação com a verdade (através de uma oposição a si, de uma ruptura).

Em 1918 mesmo,[18] Freud enfatizou a posição de "apoio terapêutico" que o analista é por vezes levado a ter com um candidato. Posição que não deve, indicou ele, impedir que depois o analista ajude o candidato a se realizar numa outra modalidade que não a de uma identificação com sua pessoa. Aqui, portanto, a ênfase foi colocada na necessidade de o paciente se "desprender" num dado momento da relação transferencial. É que o analista, continuou Freud, não deve fazer de seu paciente sua propriedade pessoal.

O TÉRMINO DA ANÁLISE

Contudo, o processo de luto a ser iniciado no término da análise esbarra, quando se trata de uma análise didática, numa situação que nem sempre é fácil de dominar. O futuro analista vê-se preso entre o desejo de preservar, na realidade institucional, uma relação de aluno a mestre, e, por outro lado, o desejo inconsciente de superar seu analista. O resultado de tal conflito está ligado à transferência e às necessidades narcísicas do didata, ou seja, às possibilidades (ou impossibilidades) do analista de aceitar, num dado momento, não mais ocupar na transferência uma posição de analista ideal. Assim, também o analista deve poder aceitar uma perda. Quanto ao paciente, ele deve poder deixar seu analista sem, no entanto, sentir-se obrigado a se tornar seu "aluno", a aderir a sua teoria ou ao "movimento analítico" que o analista didata conduz no seio da Instituição. Na história do movimento analítico, os analisandos, ao cabo de uma análise, têm-se transformado com demasiada freqüência em discípulos, mais do que em analistas. Freud, o primeiro, não soube proteger seus analisandos desse perigo (em que a transferência, na análise, é levada à sugestão), ainda que, no plano ético, ele fosse sensível à noção de "manipulação moral", que rejeitava.

Toda situação analítica certamente gera, num dado momento, uma relação que poderíamos qualificar de simbiótica. Mas cabe ao analista (como mostrou Bleger) ter o cuidado de "reduzir" essa simbiose, cujo efeito é a introdução de uma certa paralisia no campo analítico, uma paralisia que vem bloquear qualquer abertura para o inconsciente (trazendo assim o risco de silenciar as possibilidades de criação do candidato). Pois é quando a experiência do luto (e de culpa persecutória) não consegue ter lugar numa análise que esta corre o risco de se encerrar na identificação do candidato com seu analista. Pois bem, muitas vezes o próprio analista idealizado participa desse movimento, por sua própria idealização do candidato, cujos trabalhos ou progressos o narcisizam.

O que corre então o risco de acontecer do lado do candidato, uma vez terminada a análise, é, por um lado, o desejo de afirmar a qualquer preço uma originalidade e, por outro, a projeção de sentimentos persecutórios na Instituição, com a qual, por conseguinte, serão feitos acertos de contas. Sabemos que uma das principais dificuldades da análise é a *compulsão a repetir* o recalcado [19] na transferência, sob a forma de experiências atuais, sem que o analisando estabeleça um elo com o passado. A repetição surge então no lugar da rememoração. Só a interpretação pode pôr termo a isso, na medida em que tenha êxito em fazer surgir (desmascarar) a *lembrança* oculta de uma cena em que o sujeito se congelou a ponto de se tornar um *sujeito morto* para qualquer possibilidade de simbolização de alguns elementos de sua vida — o que não impede que possa parecer "progredir", por outro lado. Todavia, a interpretação cessa bruscamente quando o analisando não consegue "descolar-se" de seu passado e, a partir daí, projetar-se diferentemente no futuro.

A esse propósito, portanto, não é inútil recordar, como aliás o sublinha W. Baranger, [20] que o projeto de uma análise não é descrever a evolução de um indivíduo desde o que precede seu nascimento até sua entrada em análise. O analista que tivesse em mente tal fantasia, a de uma "fase de desenvolvimento" caracterizadora de "análises típicas", ficaria tentado, como preconizou Donald Meltzer,[21] a examinar todas as fases do processo analítico sem admitir que uma só delas pudesse ser saltada. Tal preconceito teórico, no entanto, está em contradição com a prática, que nos faz sentir a que ponto a história se vai fabricando na medida do desenrolar da análise. O sujeito, em análise, é e faz sua história para si. Portanto, é através de todo um encaminhamento que o retira da armadilha da relação imaginária exclusiva com o outro que o analisando chega a se constituir como sujeito falante, a partir de um lugar onde a articulação da fala é possibilitada.

No que é possível enunciar como constituindo uma encenação do sujeito,[22] existe, primeiro, o que concerne à encenação de um desejo produtor de um objeto (chamado de objeto *a* por Lacan), vindo isso substituir qualquer noção do objeto como sustentado pelo sujeito. Mas o que se ordena como produção de gozo em torno do objeto fantasiado, no cenário preparado pela análise, não deixa de se relacionar com o que resta de uma experiência de prazer ligada a uma emoção corporal, ou à musicalidade de uma voz, ou ainda à marca de uma cena que se impôs ao olhar. É a partir daí que os objetos assumem sua função de suportes do desejo. Resta o fato de que esse saber, que é da ordem do gozo, o desejo, de certa maneira, fica sempre sem conhecer. Por isso o encaminhamento analítico, repetimos, não se situa do lado do *conhecimento* das etapas de desenvolvimento de um sujeito. Aliás, acaso todos não ouvimos algum analisando dizer: "Sei o que aconteceu comigo, e isso não serve para nada"? O encaminhamento na análise realmente se dá, antes, através de uma repetição do sintoma, que *é* um valor de verdade. A experiência analítica realmente produz, no lugar do semblante, alguma coisa difícil de demarcar e que remete ao real do sujeito (e a uma dimensão do insensato). Assim, alguma coisa do desejo fica como que condenada a permanecer excluída do campo do saber, e é essa exclusão, ou essa falta de saber, que se torna a garantia do ressurgimento do desejo. Aliás, foi tudo o que se situa, na análise, do lado da aberração do a-normal que Lacan sonhou poder oferecer à compilação de um testemunho, para *saber porque alguém, sabendo o que é a psicanálise por sua didática, pode ainda querer ser analista.*[23] A questão que insiste aí, portanto, é a da relação do analista com o que ele *sabe* (ou seja, também com o que ele *recalca*).

Será, pôde indagar-se Lacan, será que é o saber que cura — ou será que é a transferência, tal como se produz numa dada análise? Ou ainda, porque o saber seria confessado? Todas essas perguntas tiveram por objetivo demarcar em que *a análise produz o psicanalista*, ou, dito de outra maneira, em torno de que se ordena *o ato analítico* enquanto ato que preserva sempre alguma relação com o recalcado, donde a dificuldade ou a repugnância do analista em praticar um ato analítico.

A técnica do *desvelamento* própria da análise visa, de fato, a uma autenticidade maior, liberta o sujeito do peso da mentira (isto é, de uma aparência de verdade), tornando-o assim mais disponível para o amor, o trabalho e a sublimação. Mas o saber que, durante a análise, é extraído do próprio sujeito[24] é um saber a ser questionado, e que vem em lugar do pólo do gozo. Surge do tropeção, da mancada, e também entra em cena no sonho. Esse saber sobre a verdade só pode, portanto, ser semidito. Porque toda fala traz em si sua parcela de recalcamento.

O desamparo que se apossa do analisando no término da análise é, por sua vez, aparentado com a solidão que aguarda o homem perante a morte. Por isso ele está aquém da angústia: pois a angústia, ao surgir, funciona como defesa e proteção, vindo *fechar* aquilo que, no nível inconsciente, procurava abrir-se para uma verdade e para um saber sobre o verdadeiro (saber que a neurose geralmente tem a função de ocultar). Mas o que o sujeito conquista na transferência, através da renúncia aos bens, é a assunção de uma verdade, por intermédio da ambivalência, da culpa e da proibição. Ao mesmo tempo, ele esgota seus sintomas defensivos (concernentes aos objetos kleinianos bons e maus), e é por isso que esse sujeito, nascido da análise, passa a poder dar uma prova de criação através de um processo de sublimação (definido por Lacan, a esse respeito, como solução imaginária de uma necessidade de reparação simbólica em relação ao corpo da mãe).

Dito isso, o término da análise se caracteriza, como mostrou Freud, pela instauração "de um segundo movimento", aquele através do qual o analisando retoma aquilo que até então levava para a análise. Assim, às vezes uma frase-chave resume em sua brevidade o drama de um destino, tal como foi revivido na transferência. Assim se desata o que, no nível inconsciente, estava aprisionado neste ou naquele veredicto de condenação à morte, em tal ou qual profecia de exclusão, ou numa dada previsão de doença mortal. O sujeito, modificado pela linguagem, aprende por meio disso a reconhecer e a nomear aquilo em que se havia perdido.

Mas o analista — nunca é demais repeti-lo — é parte integrante da fantasia de término de análise do analisando. Vimos que ele tinha que descer da idealização à qual fora alçado na qualidade de suporte identificatório. Transforma-se, então, na relação analítica, no objeto *a* preso na fantasia. Mas o plano da fantasia tem de ser superado pelo analisando.[25] Por isso é que o analista, ao final da análise, torna-se o sacrificado do trajeto percorrido. O analisando, na verdade, é levado a terminar a obra consumada fora da situação analítica. "Saber haver-se com seu sintoma", disse Lacan, "aí está o término da análise."[26] O que se evoca com isso é o caráter irredutível da neurose, a radicalidade do sintoma no qual, num dado momento, a invenção e a criação vão beber seus principais recursos. Lacan também indicou: "Nisso que chamo de real, inventei algo que se impôs a mim (...) Aí está algo de que posso dizer que o considero como nada além de meu sintoma (...) Se Freud fez realmente uma descoberta, e supondo que ela seja verdadeira, podemos dizer que o real é minha resposta sintomática. Mas reduzi-la a ser sintomática é também reduzir toda invenção ao sintoma."[27]

Assim, onde Freud havia falado em "núcleo traumático", Lacan elaborou o conceito de real, que leva à sublimação, e propôs a idéia de transformação do sintoma na obra produzida. A atividade profissional do analista, dessa maneira, é conclamada a se inscrever numa produção interminável de sua própria descoberta (e redescoberta) da psicanálise.

A Instituição de analistas deveria, pois, ser capaz de propor "trajetos" pós-analíticos em que tivesse lugar, entre outras coisas, uma interrogação, pelos próprios candidatos, sobre o que foi sua análise. Também os didatas têm a ganhar deixando-se questionar, pois o que se deve privilegiar ao longo de toda uma vida analítica é a noção de *formação* (Bildung, *no sentido hegeliano de oposição a si*), a ser situada em contraste com qualquer conceito de *modelo*. Isso implica que a Instituição analítica evite oferecer certezas em lugar das interrogações a serem colocadas pelos próprios membros (analistas e analisandos).

A teoria analítica enraíza-se na experiência pessoal do analista e não pode ser transmitida à maneira das ciências positivas. Temos de reconhecer o fato de que a psicanálise funciona de maneira diferente dessas ciências. É essa distância, portanto, que é importante interrogar, para que a análise continue viva, diferente para cada um, inclusive em sua teorização — uma teorização que tem mais a ganhar com a aproximação das ficções rigorosas do que do discurso estabelecido.

Discussão[28]

Patrick Guyomard

Creio que essa contribuição riquíssima levanta muitas questões e que alguns de nós têm vontade de destacar essas questões para formulá-las a Maud Mannoni.

Passo a palavra a quem quiser tomá-la.

Maud Mannoni

Vou ajudar a animar a discussão, expondo aquilo com que fui levada a elaborar esse trabalho: houve minha própria história, mas também meu próprio percurso através das diferentes instituições de psicanálise.

Se, de início, nas instituições afiliadas à Internacional, a análise estava ligada à Instituição, numerosos debates levaram a uma mudança e chegamos, na maioria dos grupos analíticos, à situação em que a análise pessoal ou a chamada análise de formação já não estão ligadas à instituição. Sem dúvida, os problemas nem por isso desaparecem magicamente; o analisando tem colegas que freqüentam um dado grupo e, queiramos ou não, surgem questões de ciúme entre irmãos, e diversas dificuldades vêm de fora, não importa o que façamos, importunar a análise num certo momento.

A diferença entre o que acontecia no tempo de Freud e o que se dá atualmente também se prende ao fato de que, antes de 1920, a duração da análise era muito curta; Freud desejava, por outro lado, que o analista retomasse um período de análise a cada cinco anos. Hoje em dia, a questão está colocada de outra maneira, os fracassos foram interrogados. A indagação se relaciona, no momento, com o cuidado particularíssimo que se deve ter com o término da análise, uma análise muito mais longa do que na época de Freud. Mas, se Freud queria ou propunha períodos curtos de análise, é porque estava preocupado com a necessidade de manter algo como uma "abertura" do inconsciente. Como dizia Freud, a análise acaba, no entanto, por estragar o caráter do analista. Assim, o que é preciso inventar, institucionalmente falando, é uma maneira de providenciar atalhos que autorizem os jovens analistas a indagar o que foi sua análise.

Não existe nenhuma solução miraculosa. Mas, no nível das dificuldades, há algo a aprender com certos impasses. Os analistas didatas deveriam, além disso, poder ser também eles interpelados, sem que, no entanto, isso terminasse numa formalidade.

Patrick Guyomard

O que me parece importante no que você trouxe à baila foi seu lembrete do aspecto de que, ao abordarmos o problema do término da análise, tendemos a agir como se soubéssemos o que é isso. Ora, esse problema recebeu, em diferentes épocas da história da análise, por parte dos próprios analistas, respostas diferentes e variadas. Assim, Freud não esperava a mesma coisa do término da análise nos diferentes momentos de sua própria prática, o que não o impediu em absoluto de ser relativamente intervencionista no que concernia a esse término, isto é, de decidir — talvez mais do que tenderíamos a fazer agora — sobre o término de um tratamento. Isso mostra de maneira evidente — e aí está outro ponto importante que você relembrou — que o término da análise sempre faz intervir o desejo do analista, e que os analistas não podem silenciar completamente sobre esse ponto, como se já tivessem a resposta. Sem dúvida, algum trabalho foi feito, mas eles mesmos contribuem com seu silêncio, eventualmente, para tornar o problema impossível de resolver, porque uma análise não pode, em minha opinião, terminar sem que o analista tome partido a respeito de qual é sua posição quanto ao término, do que ele entende por término de uma análise, ou, pelo menos, do término de tal ou qual análise.

Creio que essa é uma questão fundamental que a instituição analítica não pode resolver sozinha, porque, caso contrário, ela define imediatamente um ideal e age como se soubéssemos de antemão do que se trata.

Maud Mannoni

Cada analista tem, evidentemente, sua fantasia acerca do trabalho do término da análise, e é verdade que fui muito marcada pela posição de Lacan, para quem é num segundo movimento que a análise se torna didática, ou seja, numa retomada pelo sujeito, num dado momento, daquilo em que ele se tornou nisso tudo.

Conrad Stein

Você nos apresentou um panorama muito vasto. Dentre todas as coisas que haveria para dizer, eu gostaria simplesmente de destacar uma só, que foi muito acertadamente sublinhada por P. Guyomard. O término de um tratamento não é, para mim, o término da análise, mesmo que estejamos de acordo quanto ao fato de que o fim de uma análise é determinado, numa grande medida, pela idéia que o psicanalista faz dele.

Isso me fez repensar numa coisa que me ocorreu durante a exposição de Maud Mannoni, a saber, que antes de fazermos uma idéia do que vem a ser o término de uma análise, seria preciso, primeiro, nos interrogarmos sobre a petição de princípio que pretende que uma análise termine.

Devo dizer que sou como todo o mundo e que participo do consenso que pretende que uma análise não dure a vida inteira, seja ela toda a vida do paciente ou toda a vida do analista. Caso contrário, aliás, o problema seria saber quem morrerá primeiro.

Mas, se participo desse consenso, mesmo assim posso me interrogar sobre sua validade e formular a pergunta: "Em razão de que devemos admitir que uma análise deve ter um término?"

Maud Mannoni

Acho que é importante sublinhar, de fato, como disse o próprio Freud, que não existe término — e felizmente, aliás, se pretendermos preservar uma possibilidade de abertura do inconsciente. O término, portanto, é apenas uma possibilidade, a de que o analista seja capaz de uma auto-análise depois de seu trabalho com os pacientes.

Mas, quando Lacan trabalhou sobre a parte final da análise (seguindo Freud), ele indicou que a análise é como um jogo de xadrez em que alguma coisa acontece no começo e se repete no fim, o que faz com que o percurso se torne algo que pode ser qualificado de didático, e que não se reduz ao percurso da análise pessoal de alguém que veio porque precisava ser aliviado deste ou daquele problema. Está em questão aí, portanto, um segundo movimento, ligado à maneira como, num dado momento, o sujeito consegue retomar aquilo em que se transformou nisso tudo.

Evidentemente, o perigo é que, levando as coisas de maneira perfeccionista, possamos também chegar a outros impasses e outros padrões: uma frase que resuma um destino, por exemplo.

Essa noção de segundo movimento estava presente, aliás, na observação que Lacan fez a propósito do artigo de Octave [Mannoni] sobre a análise original. Octave a havia indicado, mas talvez sem tê-la posto suficientemente em relevo, e Lacan lhe observou que foi num segundo movimento que Freud pôde, ao mesmo tempo, retomar alguma coisa de sua história com Fliess e sair disso de uma maneira diferente do resultado paranóico que também poderia ter existido. Fliess, aliás, saiu disso menos bem do que ele.

Amaro de Villanova

Eu gostaria de retomar a questão que Maud Mannoni levantou diversas vezes sobre a relação do sujeito com a verdade, para lembrar que há uma ligação entre a verdade e a ficção e que é nessa relação de relato puro que a palavra término vem se inscrever.

Isso é para não esquecermos que o término, como o de um relato ou o de um discurso, não pode escapar nem ao arbitrário nem ao convencional de um estilo, mas que, se uma coisa pára, é justamente porque poderia continuar interminavelmente. Enquanto dura, tem um ar de infinito, mas pode deter-se justamente porque pode durar. Nesse ponto, é muito complicado sair de uma lógica da ficção, e lembro neste momento o emprego duplo que podemos fazer dessa palavra. Fui examinar um pouco mais de perto de onde vinha a palavra ficção: vem do latim *fingere,* que também deu, em francês, "fingir". Logo, a ficção e o fingimento são duas maneiras de encarar algo da ordem da verdade, e a mim me parece que a noção de *fim,* ficção fingida, não deve sair desse registro e deve ser considerada como presa na lógica do relato.

Maud Mannoni

Acho realmente que o circuito deve ser percorrido várias vezes e que é através dos percursos sucessivos, os de uma história narrada de múltiplas maneiras diferentes, que, num dado momento, o que se conquista é uma fala própria através de um processo de desidentificação.

Pierre Paul Lacas

Eu gostaria de sublinhar a que ponto não podemos escapar de dar forma a um paradoxo, e me permitiria propor aqui uma formulação efetivamente paradoxal: é que a didática, como análise, pode terminar a partir do momento em que o analisando se torna autodidata, não no sentido de que o autodidata não teria nenhum mestre, muito pelo contrário, mas no sentido de que ele passa de uma relação entre sujeito e mestre, na qual estava assujeitado, portanto, a uma relação entre discípulo e mestre, tornando-se o discípulo igual ao mestre e podendo aprender consigo mesmo como autodidata. Nesse momento, não é mais o tratamento, e sim a análise que continua. A relação já não é mais de assujeitamento, podendo ser tanto de reconhecimento ou indiferença quanto de oposição. Estou pensando em Aristóteles quando ele dizia, em grego — mas só conheço a tradução latina —, a propósito de sua relação com seu mestre Platão, de quem se havia separado: *Magis amica veritas* [mais amiga é a verdade].

Nesse sentido, um analista autodidata talvez seja não apenas melhor do que seu mestre, mas tão reconhecido quanto ele — e seu igual.

Maud Mannoni

Você levanta a questão de poder ser seu igual, e essa foi a dificuldade que houve, por exemplo, entre Abraham e Freud. Está levantando, por isso mesmo, a questão daquele que deve, através dessa operação, poder perder alguma coisa, por exemplo, perder um discípulo para que possa haver um analista inteiro.

Pierre Paul Lacas

Não pretendo dizer que tornar-se autodidata no final do tratamento signifique unicamente passar a ser analista. Pode simplesmente consistir em continuar a fazer seu trabalho que, de modo algum, é o de exercer a análise. O autodidata, no sentido em que estou tentando defini-lo aqui, é tanto aquele que se tornará analista quanto o que continuará a ser músico, engenheiro, açougueiro ou sei lá o quê.

Maud Mannoni

Ou seja, aquele que é capaz de uma sublimação.

Pierre Paul Lacas

Aquele que é capaz de viver como homem, só isso. Mas não há institucionalização possível dessa passagem.

Interessei-me pelo fato de você ter falado no conluio narcísico possível entre o analista e o analisando, porque a gente depara com isso, mas parece-me que seria necessário esclarecer que ele é muitas vezes apresentado como um ideal e que, quando tentamos não fazê-lo (o que não é fácil de discernir da realidade de uma análise que tem que durar), isso é freqüentemente malvisto. Quando se é analista, amiúde se é narcísico, e parece ser difícil, na prática, viver esse término, onde é preciso tentar sair desse conluio narcísico, e dos dois lados.

Finalmente, o término de uma análise, longe de ser uma coisa triunfal — até logo, cavalheiro, adeus, madame, está tudo nítido e claro... —, não será, antes, algo de muito ambíguo?

Maud Mannoni

De fato, você sublinhou que o analista não está a salvo de seus próprios defeitos, e que é com suas falhas que a análise prossegue; o que é certamente importante é a idéia de que não podemos ter como fim em si alguma coisa da ordem de uma perfeição, porque, nesse caso, acabamos por nos transformar, a despeito de nós mesmos, num educador como o Dr. Schreber.

Mas, na competição dos analisandos entre si, eles também introduzem um supereu implacável em certos momentos, o que torna as coisas difíceis.

Conrad Stein

Ao levantar há pouco a questão de saber porque admitimos que deve existir um término, em vez de constatar que ele habitualmente existe, não foi de modo algum com a idéia de ser mais ou menos perfeccionista, mas, antes, de saber até onde é verdade e em que se baseia o fato de o psicanalista supostamente saber e não poder deixar de ter uma idéia do que vem a ser o término de uma análise. É isso que não é evidente. Um belo dia, as análises terminam. Nós o constatamos, podemos ficar surpresos, e também podemos aceitar as coisas assim.

Nesse contexto, eu gostaria de assinalar, a propósito do psicanalista autodidata, que também nesse caso existe uma dificuldade: é que o paciente é autodidata ao longo de todo o seu tratamento, com o apoio e sob a capa da neurose transferencial, porém, no final das contas, é ele quem faz seu trabalho analítico, é ele, quando tudo corre bem, que descobre, que interpreta. Faz muito tempo que defini a psicanálise como um processo sem começo nem fim, durante o qual o tempo em que vamos às sessões com o psicanalista é um período absolutamente privilegiado e absolutamente indispensável. Mas, se o psicanalista tem de ser juiz do fato de o paciente ter-se tornado autodidata, no sentido em que meu colega falou há pouco, recaímos no caso anterior: se ele tem que dar sua aprovação, ele é juiz, logo, existe uma desigualdade. Isso continua a levantar um problema, e não podemos libertar-nos com muita facilidade desse paradoxo.

Maud Mannoni

Sim, mas não creio que tenha sido no nível de ser juiz da situação que Pierre Paul Lacas situou a questão. Simplesmente, sua resposta, Stein, mostra que há maneiras diferentes de conduzir a análise, porque existem analistas diferentes e não podemos instaurar um único modelo no plano da condução de um tratamento, na medida em que há uma intervenção das diferentes ficções teóricas com que o analista trabalha.

É evidente para mim que existem perfeitamente um começo e um término, e que este não é qualquer um. Mas não postulo isso como um ideal. O interessante, aliás, seria poder aprofundar mais as diferenças, porque elas, na prática, prendem-se à teoria inconsciente que rege o analista.

Hubert Brochier

Parece-me que todo o curso de sua exposição, bem como o do debate, tendeu a oberar qualquer distinção entre o que seria uma análise didática e uma análise pura e simples.

A alusão que você fez ao dito de Lacan, segundo o qual a análise deveria finalmente desembocar em algo que se parece com o momento em que a morte é aceita, tem esse sentido.

Por outro lado, você aludiu à análise didática como sendo, de certa maneira, um segundo movimento. Além disso, observo que, nos próprios estatutos do CFRP, trata-se de uma análise didática.

Ora, eu gostaria de ter um pouco mais de esclarecimento sobre a concepção que você tem da análise didática. Será que ela está completamente apagada institucionalmente, ou será que aparece e, nesse caso, como pode esse segundo movimento ser levado em consideração, como podemos reconhecê-lo?

Maud Mannoni

Não podemos fixar administrativamente o segundo movimento. Acredito que isso se prenda à maneira como o analista trabalha com a ficção teórica que lhe é própria. É possível que outros analistas estejam muito menos preocupados com essa retomada, pelo sujeito, do percurso que ele fez.

A posição de O. Mannoni era que toda análise é uma análise pessoal, e depois Lacan declarou que *toda análise é didática*. Mas a questão é diferente quando nos tornamos analistas, tendo saído da análise de um modo diferente de uma saída puramente alucinatória — "aconteceu alguma coisa, agora vai tudo bem" —, mas não sabemos nem o que aconteceu, nem como. E porque não? Digamos que essa não é minha posição, e que pode haver diversas posições.

Se a chamada análise didática é mencionada nos estatutos, é porque pressupomos uma análise que tenha podido produzir um psicanalista. Mas o lado administrativo não interfere aí, em absoluto. Nossa preocupação é muito mais a de instaurar alguma coisa da ordem de um trajeto efetuado por alguém, um trajeto onde existe a análise: mas não é a análise que julgamos, é o trabalho nas supervisões, nas diferentes atividades de seminário, etc.

Essas são questões administrativas que não são de interesse geral, com cada grupo tentando definir suas próprias modalidades, e creio que não haja nenhuma ideal.

Marie Lise Lacas

Fiquei muito impressionada, ao longo de toda a exposição e do debate, com a presença de um vocabulário que não é psicanalítico, mas decorre do que eu chamaria de psicologia moral.

Chegou-se até a falar em "ideal", dizendo que esta ou aquela posição não poderia ser colocada como "um ideal", como se, ao longo desses discursos, alguma coisa não fosse dita mas se desvendasse assim, como a presença implícita de uma espécie de preocupação de ordem moral, de ordem ética, dentro da prática analítica.

Isso é algo que não parecemos poder expulsar da condução de certos tratamentos, mesmo que agora se fale menos em estágios de desenvolvimento do indivíduo ou na maturação do ser humano, como na época em que, de uma maneira caricata, era possível situar como o término da análise o momento em que o analisando tivesse atingido a fase fálica, ou obtido acesso a uma genitalidade autêntica, etc.

Ora, essa dimensão moral do ser humano, que parece, portanto, ser difícil de esvaziar, não faz parte do procedimento analítico como tal, quer o consideremos como um procedimento de busca, de exploração do inconsciente, ou como um procedimento "científico". A psicanálise não é mais moral do que a matemática, a física ou a medicina.

Da mesma forma, não é mais moral, quando se diz que é uma arte, do que esta ou aquela manifestação artística.

O paradoxo ou a interrogação que sobressai nisso é que as sociedades resolveram o problema com leis e obrigações; pois bem, isso também não pode ser encontrado dentro de um princípio de trabalho analítico. O problema, nesse momento, é que a análise, o trabalho analítico, também tem leis e regras, nem que seja a regra fundamental, e o que se coloca é a questão de saber como e porque as regras internas do processo analítico, o que dirige o próprio procedimento, acabariam por se revelarem incapazes ou inaptas para gerar sua própria ética.

Maud Mannoni

A posição moral evoca a posição religiosa. Não é esse o ponto de vista que defendo. O que evoquei em toda a exposição foi a dimensão ética que não pode ser esvaziada da análise sem prejuízo.

Patrick Guyomard

Isso mereceria que retomássemos o problema da ética, mas talvez essa seja uma palavra muito comumente utilizada para que possamos contentar-nos em fazer referência a ela, ainda que, naturalmente, ela tenha um valor quase ideal. Em todo caso, isso sugere que existe outra coisa além da moral.

Mas, para ficar nos próprios termos que você utilizou, Maud Mannoni, em sua exposição, acho que, quando você se interrogou sobre a natureza do interesse pela psicanálise, você mostrou que era difícil, do ponto de vista da didática, ou do término da análise, ou do devir analítico, não levar em conta essa questão, e similarmente quando Winnicott considerou necessário para o analista que ele tenha prazer em exercer sua profissão.

Esse emprego simples do termo "prazer", que é carregado de sentidos, no tocante aos psicanalistas, nem que seja na referência deles a Freud, quer realmente dizer que não podemos simplesmente nos contentar em que um analista tenha prazer em ser analista, e que, por conseguinte, convém, nessa ordem do prazer, na economia de sua participação no trabalho analítico, que se instaure um eixo de referência.

Nesse ponto, não creio que estejamos na moral, isto é, no ideal, mas, antes, em alguma coisa que não pode ser definida sem fazer referência a uma solidariedade com o que é a psicanálise, com a ordem de economia psíquica que é exigida dos psicanalistas para que a psicanálise se mantenha, ou seja, para que esse famoso problema do término da análise não se transforme em "a psicanálise acabou", mas que isso seja admitido. Vemos claramente que foi sem dúvida a isso que Conrad Stein aludiu há pouco.

Da maneira como os problemas do término da análise foram abordados, e quaisquer que sejam as diferentes posições que tenhamos a respeito desse problema, como é normal, há, em todo caso, algo que comanda essa diversidade e que é: o que deve terminar e o que é que não deve terminar? E como pode uma coisa terminar sem que com isso a psicanálise se detenha...

2

Entre o Sonho e a Realidade. O Trabalho do Analista

O TRABALHO DO ANALISTA

"A tarefa do analista", escreveu Freud[1] em seu texto sobre as "Construções", "deixada à sombra por tanto tempo, é fazer surgir no paciente o que foi esquecido por ele, a partir de vestígios ou de acontecimentos marcantes de sua história."

Quando esse recalcado não pode ser trazido à luz, cabe ao analista, continua Freud, *construir*, em benefício do paciente, uma parte de seu passado perdido. Esse trabalho de *reconstrução*, acrescenta ele, "relembra as escavações arqueológicas". Trata-se, pois, para o analista, de conseguir construir uma ponte entre o paciente e ele a partir de um terreno queimado ou minado, tendo essa ponte por material *o mito*. A propósito disso, Freud cita como exemplo as "explicações" que tomam a função de um oráculo. Assim: "Até certa idade, você acreditou ser o único possuidor de sua mãe; depois, chegou um bebê..." Segundo Freud, quando a construção é falsa (em relação à fantasia), não há mudança; quando é correta, assistimos a um agravamento do sintoma, a partir do que a fala do paciente se *liberta*, abrindo caminho para a emergência de lembranças, ou até para inversões dialéticas relativas a alguns acontecimentos de uma história que corria o risco, em caso contrário, de se congelar no monumento da infelicidade ou dos prejuízos sofridos. Se a *interpretação*[2] desvenda o que acontece com o desejo, a *construção* tem, portanto, alguma relação com a fantasia inconsciente: o que ela restitui é uma *verdade* que se enraíza na questão das origens.

A *criação* que surge no campo de uma análise concerne a um dado analista com um dado paciente e engaja o inconsciente de um e do outro. Mas um ato de criação não pode ser inteiramente explicado, como indica o próprio Popper a propósito das ciências. Pois bem, as *construções analíticas* se organizam, por sua vez, segundo uma lógica que é a do inconsciente (e da loucura), e isso a partir das questões que não deixam de surgir na história de cada ser humano — as que têm a ver com o sexo, a reprodução, a diferença entre as gerações e o Édipo. Que a fantasia está, em decorrência desse fato, exposta a *reviravoltas,* Freud no-lo mostrou em *Uma criança é espancada.* [3] Já com seu texto sobre Dora, Freud nos sensibilizara para as inversões dialéticas passíveis de se instaurarem no correr de uma análise, onde o mesmo cenário é por vezes chamado a se apresentar de maneira contraditória, sob aspectos diferentes. Mas essa lógica do inconsciente, que está em ação na construção elaborada pelo analista, encontra-se também até mesmo nas construções mais patológicas; por isso, Freud [4] não hesita em dizer que há (como sabem os poetas) "um método na loucura, mas também um fragmento de verdade histórica". É pelo reconhecimento desse *resíduo de verdade,* acrescenta ele, que uma terapia torna-se possível, libertando essa parcela de verdade histórica esquecida, e até mesmo foracluída, de suas distorções e suas ligações no presente. Freud não hesita, por conseguinte, em comparar os delírios dos pacientes com as construções do analista durante o tratamento. Se a construção delirante pode aparecer como uma tentativa de cura, também a construção do analista possui, com efeito, sua infra-estrutura fantasmática, bem como sua parcela de projeção e de intuição lógica (nascida da atenção dada ao visto e ao ouvido na história do paciente). [5]

A partir de suas primeiras descobertas relacionadas com a perda da lembrança de alguns acontecimentos traumáticos do passado, Freud pôde descrever o processo analítico como uma *repetição* na transferência, *repetição* esta cuja *interpretação* permite ao paciente lembrar-se do recalcado. É isso o que também autoriza o analista a propor um *mito explica-*

tivo a partir do qual a história se ordenará de maneira diferente. Segundo Freud, no entanto, a história se perdeu de vista em favor da psicologia do desenvolvimento e, mais tarde, da estrutura. O que se esqueceu então foi a que ponto a reescrita da história do sujeito, no curso de uma análise, permite a este reassumir em seu nome um pedaço de história, projetando-o no futuro sob outra forma. O poder evocador das palavras (do analista) permite assim, ao mesmo tempo, os momentos de *insight*,[6] de relembrança e de criação. Os momentos fecundos de uma interpretação abrem, com isso, perspectivas diferentes, uma vez que aqui não existe nem verdade última nem começo absoluto. Por isso o "trabalho do analista" não pode ser separado nem de sua história pessoal, nem do trajeto analítico que ele perfez para reatar com a criança ou o adolescente em si mesmo.

A INFLUÊNCIA DE CERVANTES

Freud dizia que seus verdadeiros mestres eram os escritores ingleses e escoceses. Adolescente, ele aprendera espanhol às escondidas para ler *Cervantes*,[7] o que voltou a fazer durante o verão de 1883, como o atestam as *Cartas a Martha*.[8] A retomada dessa leitura, por outro lado, não se deu sem culpa, numa época em que tal "brinde de prazer" (ligado ao campo da fantasia) o arrancava de seu dever, ou seja, de sua pesquisa relativa à anatomia cerebral (então representante da realidade). Numa carta de 7 de fevereiro de 1884 a Martha, Freud evocou sua adolescência e sua amizade com Silberstein nestes termos: "Nós não nos largávamos. Juntos aprendemos espanhol. Tínhamos nossa mitologia própria e nossos nomes secretos, retirados de um diálogo do grande Cervantes." A leitura do *diálogo dos cães* lhes dera, assim, a idéia de fundar entre si uma sociedade erudita, a Academia Castelhana, com Silberstein assumindo o nome de Berganza e Freud, o de Cipião (nomes retirados dos cães do diálogo). Juntos eles escreveram, nessa época, uma obra de ficção...

Quer se trate de D. Quixote e Sancho Pança, ou de Berganza e Cipião, o que se dá a entender através dos relatos em pauta é a oposição entre a fantasia e a realidade, tendendo esta última a querer preservar uma dominação sobre a primeira... Mas isso não deixa de evocar a distância entre o paciente e aquele que o escuta — o analista. É que, se D. Quixote[9] influencia Sancho, este leva em conta a verdade do dito de seu companheiro, que oscila entre o estado maníaco e a depressão, antes de recuperar através dessa experiência o caminho da "normalidade" e da realidade. Aí encontramos, portanto, de certa maneira, a análise, antes de sua invenção por Freud...

No *diálogo dos cães,*[10] aliás, algumas questões-chave da psicanálise são colocadas, como por exemplo, esta: haverá alguma diferença entre o que ocorre em nossa imaginação e o que efetivamente acontece na realidade? Aí encontramos também temas que fazem referência à linguagem, à agressão e à idealização.[11] Já não podemos deixar de ficar impressionados com a leitura desse texto pela estrutura notável do diálogo. É o que se passa, por exemplo, quando Berganza (p. 1476 [da edição francesa]) começa a contar sua vida.

"Desde que cresci o bastante para roer um osso, tenho tido vontade de falar e de dizer as coisas enterradas em minha memória, esquecidas ou enferrujadas pelo tempo. Agora que descubro em mim, inesperadamente, esse dom da fala, quero aproveitá-lo para dizer aquilo de que consigo me lembrar..." Cipião lhe responde: "Fale até de manhã (...) escutarei com prazer, sem interrompê-lo, a menos que isso seja necessário (...) antes de continuar, seria bom que você pudesse dar vida ao que a feiticeira lhe disse e descobrir, assim, se a grande mentira em que você acredita é verdade." Berganza tenta então recordar-se do trauma que sofreu e, ajudado por Cipião, começa a interrogar suas origens, seu nascimento, a história de sua vida... O diálogo Freud-Silberstein (Cipião-Berganza), como o observam com muita justeza Leon Grinberg e seus colaboradores, foi, portanto, o ponto de partida de uma outra série de diálogos (Freud-Martha, Freud-Breuer, Freud-Fliess) que levariam à análise de Freud.

OS ESCRITORES, FREUD E A LOUCURA

O apego de Freud aos escritores ingleses e escoceses [12] prendia-se à maneira como, à semelhança da tragédia grega, o destino do indivíduo era por eles tratado na realidade contra um fundo do fantástico. O contexto em que o herói evolui é levado em conta e traz parâmetros essenciais para o entendimento de uma situação ou a compreensão de um drama. De fato, foram os *relatos de casos* desses escritores que Freud tomou por modelo no dia em que, por sua vez, fez suas sinopses dos "casos clínicos". Ele ordenou seus históricos de caso segundo a mesma trama utilizada pelos escritores que considerava seus verdadeiros mestres. Numa nota acrescentada em 1927 a *A questão da análise leiga,* [13] aliás, Freud, então com setenta e um anos, lembrou que se tornara médico por necessidade e não por gosto, e explicou que *o triunfo de sua vida estava em ter podido, ao cabo de um longo percurso, reatar com os interesses de sua juventude,* isto é, reencontrar, através de suas leituras, uma paixão: a de descobrir as leis do inconsciente que regem o destino dos homens.

Num artigo de 1905, [14] Freud fez a análise da encenação teatral e se interessou pelos efeitos dela junto ao espectador colocado na posição de poder identificar-se com o herói. Assim, tentou compreender de que modo e em que condições um conflito dramático levado ao palco pode proporcionar prazer ao espectador que se implica nesse conflito, cujo caráter ilusório (fictício), não obstante, não deixa nenhuma dúvida. Os assassinatos praticados no palco, por exemplo, de fato deixam que, na realidade, salve-se a vida daquele que representa a vítima. Interessando-se pelos mecanismos inconscientes presentes em todo conflito, Freud insistiu então no fato de que o analista encontra com seus pacientes o mesmo tipo de tensões que são encenadas no palco nas tragédias ou nos dramas. Em seguida, acrescentou que, quando o analista consegue *reconhecer* a verdade de um conflito ou de uma tensão, ele o faz ao preço de esquecer, nesse momento, que seu paciente está *enfermo. Assim, este último, por sua vez, deixa de ser doente quando se vê reconhecido como sujeito na aflição que está tentando fazer entender.*

Onde, então, se encontra a realidade? O leitor de D. Quixote, por sua vez, vê-se continuamente às voltas com a questão: trata-se de um sonho ou da realidade? Essa pergunta, como sabemos, acossou Freud em 1897: foi-lhe preciso, de fato, estabelecer a diferença entre a realidade das queixas de sedução de suas pacientes histéricas e a fantasia. Foi justamente a partir daí (a partir da análise de seus erros [15]) que, posteriormente, ele veio a atribuir um estatuto particular à fantasia.

Em Cervantes, a imaginação é reabilitada frente ao mundo racional, mas a realidade nem por isso perde seus direitos em face do mundo mítico de um D. Quixote triunfante. Sancho está ali para recordar-lhe que a realidade objetiva tem que ser levada em conta e que nela se encontra uma dimensão de verdade subjetiva. Essa "realidade humana" nos remete ao que Freud tentou elaborar, mais tarde, em suas "Formulações sobre os dois princípios do funcionamento psíquico". [16] "O artista", escreveu ele nesse texto, "faz com que suas fantasias assumam a forma de uma nova categoria de coisas reais, que assumem para os homens o valor de figuras preciosas da realidade (...). Trata-se da necessidade que existe de não aplicar os critérios da realidade às formações psíquicas recalcadas, nem, por conseguinte, subestimar a importância das fantasias na formação dos sintomas, sob o pretexto de que elas não têm realidade (...). Somos obrigados a usar a moeda corrente do país que exploramos, e, em nosso caso, trata-se da moeda neurótica (a da fantasia)."

Se Freud situou a realidade [17] na pré-história, indicou também que, no presente, é sob a roupagem da fantasia que ela se apresenta. Nesse texto sobre o funcionamento dos dois princípios, portanto, é de maneira clara que Freud exige que a culpa se fundamente na fantasia. Não é necessário, de fato, ter matado o pai e a mãe de verdade para ser levado a sentir-se culpado.

REALIDADE E VERDADE

A realidade de uma vivência durante a primeira infância (a percepção da gravidez da mãe, por exemplo) é, em geral, mantida em segredo pela criança, e toda descoberta sexual precoce é posteriormente submetida ao recalcamento. A criança, numa certa idade, esquece, portanto, aquilo que soube. Tal como Freud o evidenciou,[18] ela dispõe então de suas próprias teorias sexuais. "Embora elas se enganem grosseiramente, cada uma", observou Freud, "contém, ainda assim, um fragmento de verdade pura."

A informação sexual dispensada às crianças por volta dos dez ou onze anos de idade está longe de resolver tudo a esse respeito. Já tendo funcionado o primeiro recalcamento sexual, é freqüente, de fato, a criança se portar depois como se não quisesse ouvir nada sobre a "realidade" da reprodução. Assim, ela consegue permanecer ignorante, até que, bem mais tarde, diz Freud, a psicanálise (se o sujeito a fizer) traz à tona o saber proveniente da primeira infância. Melanie Klein mostrou (no caso de Fritz[19]), por outro lado, como as informações sexuais fornecidas pelo analista estão longe de satisfazer a criança que tenta obstinadamente agarrar-se a suas *crenças falsas* (acerca da gravidez ou da fecundação). O que o analista lhe diz no nível da *realidade fica para ela, de fato, no estômago.* É que existe na fantasia uma verdade que um enunciado exclusivamente concernente à realidade é incapaz de alcançar. Assim, quando, durante uma brincadeira feita por Fritz, M. Klein lhe perguntou: "E será que o 'pipi' pica?", o menino respondeu: "Sim, não na brincadeira, mas na realidade. Não, estou errado, não na realidade, na brincadeira." O que o menino tentou fazer entender com seu lapso é que *tudo é sexual* e que era difícil estabelecer a diferença, a propósito disso, entre o real e o imaginário. Por isso as *falsas teorias* infantis às vezes se revelam mais úteis do que as histórias (verdadeiras ou falsas) contadas pelo adulto, num momento da trajetória em que uma "realidade" (a nossa) pode ser recusada pela criança que está procurando proteger-se da angústia de castração.

No horizonte de qualquer questionamento relativo ao saber do sexo perfila-se uma proibição do desejo do incesto. As construções fantasmáticas da criança (ligadas à fantasia originária) nem por isso deixam de trazer em si, às vezes, mais verdade do que a lei da natureza que o adulto se inclinaria a opor-lhe. Ferenczi [20] destacou, por outro lado, que, no campo de ternura de uma criança na linguagem constituída, vem geralmente enxertar-se, por invasão, a linguagem passional do adulto (entremeada de amor, culpa e ódio). Ali onde Ferenczi fala na introjeção de uma linguagem (e de um supereu), Melanie Klein, por sua vez, fala em incorporação de objetos, com o imaginário ganhando consistência numa "realidade" concebida como "boa" ou "má". Mas ela parece deter com isso um saber último, ao passo que Ferenczi prefere falar no sonho do "bebê sábio", que ensina a sabedoria a toda a família, ou evoca a "criança psiquiatra" que, por identificação com o médico, protege-se do perigo representado pelos adultos sem controle...

Do saber à fantasia, é ao analista (e ao adulto) que cabe não fechar prematuramente as questões do paciente (ou da criança), deixar lugar para a dúvida e providenciar um espaço de jogo que salvaguarde a possibilidade de invenção contínua do paciente (e da criança).

TRANSFERÊNCIA E RESISTÊNCIA

Não podemos isolar a experiência psíquica do analisando, na análise, do contexto que constitui o "real" de sua "vivência". Entretanto, o analista não pode prever o que, em suas intervenções, mesmo as mais anódinas, corre o risco de ser sentido pelo paciente, num dado momento, como injurioso. Assim é que Myers [21] descreveu, a propósito de um paciente afetado por micropsia e por uma ectopia testicular, como esse sintoma era reproduzido na análise em momentos específicos, em resposta às intervenções do analista — intervenções banais na realidade, como a de uma mudança de horário imposta pela indisponibilidade do analista num dado momento. A mudança de horário, vivida pelo paciente como um abandono, levou-o a fantasiar o tipo de *pai* que o analista bem poderia representar para os seus na realidade (pai maternalizante ou pai severo?). No momento em que o analista o fez observar que, a cada vez que ele exprimia o negativo, adotava frente a ele [analista] uma atitude de menino choraminguento, e não de adulto (de rival), o paciente lhe respondeu com o sintoma da micropsia: os livros da biblioteca de seu analista diminuíram de tamanho. *A fala amordaçada* (mantida no recalcamento), que estava no cerne desse sintoma, pôde então libertar-se: o paciente pôs-se a falar de episódios mal suportados de separação da mãe (num período de conflito edipiano), de sua recusa a se tornar adulto, de seu medo de não conseguir dominar sua cólera quando se sentia maltratado. De fato, a angústia (de castração) o levara a instaurar no sintoma um compromisso que o protegia de sua própria violência, sendo esta destinada, de fato, ao pai da primeira infância, um pai vivido como zombando do filho, espezinhando sua sensibilidade e seu apego à mãe. A transferência para o analista, fantasmaticamente situado como ameaçador, existia, assim, desde antes de o paciente entrar em tratamento. Foi preciso tempo para que o analista se apercebesse da *posição* que lhe era atribuída na fantasia, uma posição de tal ordem que qualquer interpretação feita ao paciente remetia o analista ao lugar atribuído ao tirano. O encaminhamento apropriado do analista consistiu então em não se deixar arrastar para o que o aparelho psíquico do paciente exigia que ele fosse, em se separar, através disso, de uma influência [22] que o paciente se esforçava por exercer, arrastando-o para um espaço psíquico em que toda atividade representativa estava banida, em prol unicamente da materialidade do sintoma.

O trabalho do analista foi, nesse caso, o de introduzir na brecha de uma realidade imutável uma vida fantasmática para onde o "vivenciado" pudesse ser transposto e abrir-se para uma "outra realidade". As idéias de perseguição (e a vivência corporal do paciente) estavam, nesse caso, ligadas a um supereu feroz (herdeiro de uma instância parental) que mantinha o eu sob tutela a ponto de encurtar seu espaço e sua visão. *Amansar* o supereu por intermédio do humor permitiu então, como o lembrou Freud,[23] aliviar a ferocidade da tutela exercida pelo supereu, reduzir o sentimento de pavor que invadia o sujeito e, desse modo, preservá-lo do sofrimento.

A ausência de vida fantasmática, num certo tipo de pacientes, tem por corolário uma forma de petrificação do analista (desejada pelo paciente). A realidade psíquica do processo empreendido entre o paciente e o analista, desse modo, já não deixa lugar senão à repetição pura (que tem como horizonte a morte). É essa realidade psíquica, portanto, que tem de ser reinventada, a fim de dar ao paciente a possibilidade de *transpor as coisas do mundo em que ele vive para um outro registro e, com isso, livrar-se da opressão demasiadamente pesada da vida.*[24]

Em suas "Recomendações aos médicos",[25] Freud deu a entender que o *tornar-se analista* é um trabalho infinito, a ser retomado com cada paciente. Comparou o inconsciente do analista a um *receptor telefônico,* que contrastou com o *transmissor de chamadas* do paciente. O médico, indicou ele, deve aprender a "servir-se de seu inconsciente como de um instrumento (assim reconstruindo, graças aos derivados do inconsciente do doente, o inconsciente de onde emanam as associações fornecidas)". Decodificar o que o paciente diz, entretanto, só é possível quando o analista não opõe a isso uma *resistência.* Citando Stekel, Freud explicou que todo recalcamento não liquidado por parte do médico produz, de fato, um *punctum caecum* (*ponto cego*) em suas faculdades de percepção analítica...

Assim, a *resistência* deve ser entendida, em primeiro lugar, do lado do analista. Mas a função deste consiste menos em informar o paciente do que em *evocar nele* novas possibilidades de dialetizar seu pensamento. É através do erro que o paciente progride, é através do engano que acede a uma verdade de sua história, uma verdade recalcada, rejeitada e não integrada até que se opere, na análise, um desvendamento, e que, além da simples "vivência" do sujeito, o tempo apropriado à duração da repetição permita que se instaure uma dimensão simbólica que transcenda a relação imaginária na qual, ainda e com demasiada freqüência, trancafia-se a análise da transferência e da resistência.[26]

FORMAÇÃO DOS ANALISTAS

A pedagogia analítica oferece dois caminhos no que concerne às possibilidades de formação:[27]

— *a aprendizagem*, por meio da chamada análise didática e do controle-supervisão;

— o *ensino*, onde nada consegue substituir a leitura dos textos de Freud, que devem ser abordados através do contexto das pesquisas de nossa época, tendo os trabalhos de Lacan, como sabemos, modificado radicalmente nosso modo de leitura.

Lacan desejou[28] evitar reduzir a análise a um ensino profissional concebido de acordo com o modelo médico. Fez votos de que os analistas permanecessem abertos à literatura e à arte, onde o próprio Freud fora buscar sua inspiração. Desejou que os analistas se iniciassem nos métodos dos lingüistas, dos historiadores... e dos matemáticos. Era para reproduzir esse trajeto que ele convidava os analistas, para que estes encontrassem *o sentido da experiência freudiana e seu motor*. Por outro lado, punha seus alunos em guarda contra a objetivação psico-sociológica. Trinta anos depois, o fascínio pelas fórmulas matemáticas, entre os jovens, ganhou muitas vezes a dianteira sobre a imaginação, o humor e o jogo... Esse fenômeno, porém, está longe de ter sido apanágio unicamente dos lacanianos. Assim é que André Green, fazendo referência aos kleinianos, pôde denunciar, em 1982, a *necessidade de certeza* que se havia apossado dos analistas, a quem, dali por diante, era negado o direito ao erro. "A chamada técnica clássica", escreveu Green, "ilude o analista, pois o impede de tomar consciência de que, em análise, na maioria das vezes, fazemos uma coisa completamente diferente da que acreditamos fazer."[29] André

Green também fez duas críticas aos kleinianos: uma se relaciona com a simplificação do *conceito de tempo em psicanálise,* pois, quando a análise é inteiramente ligada ao *hic et nunc* da sessão, isso suprime o efeito da posterioridade [*après-coup*]; a outra crítica diz respeito à referência "ao pai, situado pelos kleinianos como imediatamente presente no corpo da mãe". Green assinalou, com razão, que a partir daí a noção de *ausência* fica esvaziada e, com ela, o lugar do pai no desejo da mãe, sendo aí ocultada a genitalidade, acrescentou.

De fato, ao falar, o analista deve estar atento ao *tempo de compreender* do sujeito. Toda interpretação apressada (ou feita no momento inoportuno) pode (como vimos a propósito da teoria sexual das crianças) vir a aumentar as defesas do sujeito, que passa assim a opor à fala do adulto sua teoria pessoal (chamada de "teoria falsa" por Freud), para se proteger de qualquer emergência de uma verdade. Mas de fato há um saber presente no paciente, na própria "teoria falsa", que deve constituir, num momento da análise, *uma preparação para a compreensão.* Vimos que esse saber, como aliás Freud indica no *Pequeno Hans,* [30] está sujeito ao recalcamento e escapa a qualquer representação consciente. O que encontramos na análise, por conseguinte, é *a rejeição do saber* que se instaurou num dado momento. É essa rejeição, essa ocultação que pode, depois de muitos desvios, tornar a irromper na análise, se o analista souber ter o cuidado de não dirigir o sujeito *num saber, mas nas vias de acesso a esse saber,*[31] entendendo-se, como o lembra Lacan, que são *as vias do seu erro que contam.*

A posição de Winnicott não é muito distante da que Lacan adotou, assim, em seu Seminário dos anos de 1953-1954. Também ele insistiu no perigo de um estilo de interpretação que "roube do sujeito o acesso pessoal ao saber". [32] A argumentação de Winnicott gira em torno da necessidade de "favorecer no paciente a capacidade de brincar, ou seja, de ser criativo no trabalho analítico". Embora renda homenagem a Melanie Klein, ele lamenta que essa noção de criatividade (ou de atividade fantasmática do paciente) tenha acabado por ser ocultada pela atitude hiperinterpretativa do analista. O efeito disso foi uma "coisificação" dos objetos imaginários trazidos pelo paciente, sendo esses objetos rebaixados pelo analista ao nível de uma única realidade. O paciente, nesse caso, é convidado a dar ou não sua aquiescência à interpretação, mas numa dimensão que não deixa lugar suficiente para a ficção. Não há, de fato, uma "mutualidade" verdadeira (no sentido de uma experiência comum) no campo analítico, quando a possibilidade de ter acesso à capacidade de brincar não é dada ao sujeito, pois é a partir do jogo compartilhado com o analista que o paciente pode ser colocado, ao falar, na posição de se ouvir e de surpreender a si mesmo.[33]

FICÇÃO

Foi em "O estranho"[34] (1919) que Freud tentou precisar o mecanismo pelo qual uma emoção, por intermédio do recalcamento, é passível de se transformar em *angústia.* A angústia se prenderia a esse algo de recalcado que *se mostra* novamente e que é reencontrado sob a forma do que Freud denominou de *estranheza inquietante*... Esta se origina, na opinião dele, na "vida real, quando os complexos infantis recalcados são reanimados por alguma impressão externa, ou quando as convicções primitivas superadas parecem confirmar-se de novo". Não se trata, porém, tanto da "realidade material quanto da realidade psíquica". E Freud acrescenta que "a ficção pode criar novas formas do sentimento de estranheza que não existem na vida real", sendo próprio da imaginação poder prescindir da prova da realidade. Realidade material ou realidade psíquica? Vimos que essa questão perseguiu Freud por toda a sua vida.

Na análise que ele fez, nesse mesmo texto, d'*O homem de areia,* de Hoffmann, duas histórias diferentes efetivamente interferem: uma é a dele, e a outra, a de Hoffmann.[35] São as omissões de Freud que, nesse aspecto, mostram-se interessantes, particularmente no que concerne à maneira como ele relata o fim da história do homem de areia. "Recuperado", escreve Freud, "após uma doença prolongada e grave, Nataniel parece finalmente curado. Pensa em casar-se com sua noiva, com quem se reconciliou. Um dia, os dois atravessam juntos o mercado da cidade, sobre o qual a torre da Prefeitura projeta sua sombra gigantesca. A moça propõe ao noivo subirem à torre, enquanto seu irmão, que acompanhava o casal, permanece embaixo. Lá de cima, uma aparição singular que vem andando pela rua chama a atenção de Clara. Nataniel examina a aparição através dos binóculos de Coppola, que encontra em seu bolso, é novamente tomado pela loucura e tenta precipitar a jovem no abismo, gritando: 'Dance, dance, boneca de madeira!' O irmão, atraído pelos gritos da irmã, salva-a e torna a levá-la para baixo. Lá em cima, o louco corre em todos os sentidos, gritando: 'Gire, círculo de fogo!', um grito cuja procedência certamente compreendemos. Em meio às pessoas reunidas lá embaixo surge de repente o advogado Coppelius, que acaba de reaparecer. Devemos supor que foi sua aparição que fez explodir a loucura em Nataniel." (Página 179 [da edição francesa].)

E agora, vamos reler Hoffmann: [36]

" 'Mas olhe aquela curiosa moitinha cinzenta lá embaixo; parece estar vindo na nossa direção', disse Clara. Nataniel remexeu maquinalmente no bolso do lado; encontrou os binóculos de Coppola. Dirigiu-o para a planície. (...) Clara estava em frente ao vidro! Um tremor convulsivo percorreu-lhe as veias e o pulso. Pálido como a morte, olhou para Clara fixamente (...). Mas, súbito, seus olhos, revirando nas órbitas, lançaram raios de fogo; ele deu um berro assustador, qual um animal feroz, depois saltou no ar a uma altura extrema e gritou, com um riso penetrante e horrível: 'Boneca de madeira! Gire!' E então, agarrou Clara com uma violência impressionante e queria precipitá-la lá embaixo (...). Rápido como o raio, Lotário agarrou a irmã, puxou-a para a plataforma e, ao mesmo tempo, sacudiu o punho cerrado ante o rosto do frenético, que, deixando sua presa mortal, recuou cambaleando.

"Lotário desceu precipitadamente, segurando nos braços a irmã desfalecida; ela estava salva. Enquanto isso, Nataniel se debatia pela galeria inteira e dava saltos prodigiosos, gritando: 'Círculo de fogo, gire! círculo de fogo, gire!' A multidão acorreu ante esses gritos selvagens; em meio a ela erguia-se como um colosso o advogado Coppelius, que acabava de chegar à cidade e se dirigira diretamente para o mercado. Quiseram subir na torre para agarrar o louco enfurecido. Coppelius pôs-se a rir e disse: 'Ha! ha! esperem, ele descerá bem sozinho.' E olhava para cima como todo o mundo. Viram Nataniel deter-se subitamente, como que petrificado; depois, ele se inclinou, percebeu Coppelius e, gritando com uma voz estridente: 'Ah! olhos bonitos, *belli occhi!*', saltou por cima da balaustrada.

"Quando Nataniel caiu sobre a calçada, com a cabeça partida, Coppelius havia desaparecido na multidão."

Porque, então, Nataniel, recuperado de sua paixão amorosa (de sua loucura) pela boneca Olympia,[37] e novamente enamorado de Clara, enlouqueceu ao olhá-la através dos binóculos de Coppola?[38]

No primeiro movimento da narrativa (condensado por Freud com o segundo), desencadeia-se para Nataniel algo como um "sentimento de estranheza" a partir da utilização dos binóculos de Coppola. Longe de se abrirem para um espaço de visão, os binóculos parecem introduzir um fechamento num ponto fixo: os olhos de Clara, que não apenas lhe vedam qualquer outro horizonte, mas que ainda o remetem a seus próprios olhos, através de uma sucessão de imagens do passado,[39] umas produzidas pelas outras. Nesse presente imediato, o passado recalcado da infância irrompe subitamente (figuras humanas com os olhos faltando,[40] os carvões em brasa ameaçando ser atirados nos olhos de Nataniel, a fabricação de olhos em manipulações alquímicas). Nesse passado recalcado, a existência fictícia do homem de areia funde-se com uma realidade ameaçadora: a imagem de Coppelius, fonte de todas as projeções fantasiosas posteriores. Vemos que, no presente, o familiar e o estranho voltam a se misturar, abrindo-se para uma organização em que todas as imagens se desdobram (Clara transforma-se em Olympia[41]), remetendo Nataniel à imagem de seus próprios olhos. No engavetamento Clara-Olympia que se produz, a razão de Nataniel vacila mais uma vez. A seguir, tudo transcorre como se ele estivesse em perigo de se transformar, ele próprio, na boneca de madeira (de olhos arrancados). Já não sabemos, por conseguinte, o que pertence ao exterior ou a um interior ameaçador, nem como se estabelece ou se perde toda a distância sensorial em relação ao objeto.[42]

No segundo movimento da narrativa opera-se o mesmo desdobramento. É Coppelius quem aparece na multidão. Nataniel o assemelha à figura do homem de areia, que assim retorna no real. Presa do pavor, Nataniel se suicida, num gesto assemelhado por Freud ao de Édipo (uma espécie de lei de talião proporcional ao crime cometido).[43]

Clara, numa das cartas escritas na época do noivado, dera a entender não apenas que as coisas assustadoras descritas por Nataniel se originavam nele, mas também que os personagens de que ele falava pareciam todos intercambiáveis. Tratava-se, em suma, escrevera ela, de *fantasmas de nós mesmos.*

A história do homem de areia, escrita a partir das cartas trocadas entre Nataniel, Clara e Lotário, passa do "eu" ao tempo primordial de uma narrativa que se fecha em si mesma. Há, assim, uma cumplicidade entre o escritor e seu herói, a ponto de já não sabermos quem está falando, quem se identifica com quem, ou qual deles é o duplo do outro. O que os personagens experimentam e vivem constitui tanto o exterior quanto o interior. Tudo é reversível a qualquer momento. O que assim se destaca contra o fundo da realidade ameaçadora, nos dois movimentos evocados mais acima (e condensados por Freud num só), é a *realidade psíquica.* É ela que vem substituir continuamente a realidade objetiva ou que lhe confere sua conotação subjetiva de terror. Assim, a percepção do mundo do sujeito se enraíza repetitivamente num processo inconsciente de projeção. A realidade espacial reduz-se então a um espaço imaginário onde se multiplica o "mesmo" simultaneamente familiar e estranho.

Lacan, interrogando o que é passível de vacilar a partir do olhar, insistiu no fato de que "o mundo é *onivoyeur,* mas não é exibicionista — ele não provoca nosso olhar. Quando começa a provocá-lo, então começa também o sentimento de estranheza".[44] "O olhar", esclarece ele a seguir, "pode vir a simbolizar a falta central expressa no fenômeno da castração (...) ele deixa o sujeito na ignorância do que há para além da aparência."

Todavia, aquilo em que Freud não parece ter insistido suficientemente é, sobretudo, aquilo que em Hoffmann, mais além do olhar, é encenado no nível da *curiosidade proibida.* É em função disso que, ao lado do desejo natural de saber, perfila-se a insistência do olhar: a lei de talião é exercida quando se vê (e se conhece) aquilo que deve permanecer oculto (e subtraído do saber). O sentimento de estranheza em Nataniel é, de fato, como que o produto simultâneo de uma *descoberta* e de um *reconhecimento.* Resta-lhe então na vida, como castigo, a angústia de ter os olhos arrancados, angústia essa que culmina no momento do suicídio. Françoise Meltzer [45] viu nisso o efeito de uma *proibição de saber* do mesmo tipo da evocada por Platão, quando ele afirma que todo *excesso* deve ser suprimido para a sobrevivência da raça (inclusive o excesso de saber).

Para Freud, Nataniel é perseguido pelo destino (repetição da cena primária). Por isso ele situa a fonte do sentimento de estranheza entre o homem de areia e os olhos a serem arrancados (onde situa o retorno do recalcado). A estranheza inquietante surge, pois, num espaço em que, bruscamente, toda a noção de distância é abolida. O exterior ameaçador torna-se então o reflexo de um mundo interno ameaçado, o sujeito percebe uma parte de si mesmo como um outro, e o tempo se anula a ponto de se confundir com o espaço. O mundo reduz-se à reduplicação imaginária do mesmo. [46]

O que os escritores nos fazem aprender e o que o sonho nos ensina é que o que acontece no campo da análise pode, ao mesmo tempo, remeter-nos a outra coisa. Com nossos pacientes, somos — como os escritores sabem nos fazer entender — continuamente confrontados com os efeitos devastadores do supereu, com a culpa, com o risco de fusão entre a fantasia e a realidade, [47] com a recusa e o perigo de saber, ou ainda com a confusão (ou fragilidade da diferenciação), não apenas entre a realidade externa e a psíquica, mas também entre a saúde e a loucura.

Discussão[48]

Patrick Guyomard

Quem gostaria de intervir?

Maud Mannoni

É na posterioridade que a gente se dá conta daquilo com que escreve um texto e descobre a questão que está ali para ser trabalhada. Essa, evidentemente, é a questão que não abordei esta noite e que tive o prazer de descobrir recentemente no livro de Michel Schneider, *Voleurs de mots* [*Ladrões de palavras*]. O autor lembra ali os impasses de alguns tratamentos de Freud, impasses esses ligados, por um lado, à singularidade de sua posição: de fato, ele não dispunha de um terceiro a quem se referir, já que ele é que havia inventado a psicanálise. Na relação de Freud com seus discípulos, sabemos que as questões de prerrogativas tiveram um papel no plano das descobertas. Michel Schneider lembra, assim, que, num dado momento do percurso analítico, há como que um pensamento a dois que se elabora. Mas a partir daí uma questão se coloca: a quem pertence o que é dito? Podemos ver nisso o nó das dificuldades de Tausk com Freud. Tausk escrevia "em Freud", mas faltou-lhe algo da ordem de uma diferenciação. Tausk viu-se preso num mundo da fantasia e do duplo, tema que tentei abordar esta noite, sem chegar realmente a aprofundá-lo.

Marie-Françoise Laval

Achei muito interessante a maneira como a senhora distinguiu a interpretação da construção, mostrando como a interpretação desvela alguma coisa do desejo, ao passo que a construção permite trabalhar a fantasia. Há um intercâmbio entre o analista e o paciente que entra na construção. O analista, assim, adivinha algo do paciente. Mas esse trabalho de construção é mais difícil, porque nele nos vemos muito mais à beira da estranheza inquietante do duplo que durante o trabalho de interpretação.

Maud Mannoni

Ao lado da interpretação e da construção, há também toda a problemática das intervenções do analista, com seu efeito de interpretação. Estou pensando num paciente de quem Octave às vezes fala e que, já na primeira entrevista, com a mão na porta, disse: "Não quero mais voltar." O analista lhe observou que essa era a primeira vez, desde o momento em que os dois tinham começado a conversar, em que ele dizia alguma coisa em seu próprio nome, e que havia nisso alguma coisa de capital; e, de fato, é quando podemos dizer *não* que se coloca, a seguir, a questão daquilo que queremos e dos compromissos que estamos ou não dispostos a manter. O paciente voltou depois. Esse tipo de intervenção se articula com os referenciais teóricos do analista. Foi assim, em razão da importância que esse analista atribuía à negação, que ele não deixou escapar o "não quero mais voltar". Sua intervenção, portanto, veio destacar a parcela de verdade incluída no dito do paciente.

Mas foi também para não ter que carregar sozinho o peso da verdade de um saber que Freud tomou a precaução de encontrar deuses protetores na pessoa dos romancistas e dos escritores. Se estes falaram antes dele sobre a identificação, o duplo ou o sentimento de estranheza, foi Freud, todavia, quem revelou o que cada um sabia sem o saber. Seu trabalho, a partir das coisas banais da vida, foi constantemente um trabalho de desvendamento, o que não se faz sem tormentos. Assim, há territórios que Freud preferiu de bom grado deixar a seus discípulos. Por exemplo, ele formulou a pergunta "O que quer a mulher?", mas deixou a Helen Deutsch a tarefa de tratar do problema da feminilidade. O que interessou Freud foi, antes, o universo das meninas: como descobrir, estudando o pré-edipiano, o segredo da feminilidade?

Esse "trabalho" do inconsciente constrói-se com histórias de segredos. Freud, convém lembrarmos, chegou até, na adolescência, a aprender espanhol às escondidas com um colega, a fim de poder ler Cervantes. Mas *O diálogo dos cães*, assim como *A interpretação dos sonhos* fazem parte dessas coisas que lemos cinqüenta vezes e que, em cada uma delas, caem no recalcado...

Eduardo Vera O'Campo

Você evocou duas vias possíveis de derrapagem da psicanálise: uma que a faria deslizar para o comportamentalismo e outra referente à radicalização de uma concepção estruturalista, na qual a derrapagem se dá pelo lugar conferido à estrutura na prática analítica.

Eu gostaria que você nos dissesse um pouco mais sobre os efeitos, no tratamento analítico, dessa radicalização da perspectiva estruturalista (a-histórica).

Maud Mannoni

Realmente evoquei dois caminhos de derrapagem, um dos quais seria traduzir tudo em termos de desenvolvimento, o que levaria a ficarmos aprisionados num modelo médico concernente às etapas do desenvolvimento. O outro seria ficarmos prisioneiros da estrutura, a ponto de esvaziar a história. Mas Lacan, quando introduziu a noção de estrutura — dentro do movimento das idéias da época —, nem por isso eliminou a história do campo de sua prática. Logo, é importante relativizar as coisas. Winnicott se exprime, por exemplo, numa linguagem que dá lugar às teorias do desenvolvimento, mas basta segui-lo em sua prática para perceber que o fio condutor que o norteia está em outro lugar: o verdadeiro eixo de seu trabalho prende-se à noção de *ausência,* sendo esta a condição de desenvolvimento do pensamento simbólico que introduz no "princípio da realidade" (pois a realidade a ser dominada é a ausência do objeto). A propósito dessa passagem para o princípio da realidade, Freud evoca a constituição de uma "reserva", pois o que se "liberta" da prova da realidade é reencontrado na criação imaginária a que ele deu o nome de *fantasia.* Winnicott, a partir daí, empenhou-se em abrir um terceiro caminho, através da introdução da noção de uma *área intermediária de experiência,* para cuja constituição contribuem a realidade interna e a vida externa. Para Winnicott, é o terreno do jogo que constitui nossa realidade. Ele confere ao jogo (e à experiência cultural) um lugar, recorrendo à concepção de *espaço potencial.* Na teoria analítica, portanto, há continuamente uma espécie de bipolaridade: de um lado, a busca de um saber dominado, que se dá segundo o esquema do desenvolvimento, da estrutura, da lingüística, etc.; mas, além disso, há um outro saber em ação, aquele que se destaca durante cada trajetória do analista e de seu paciente, aquele que é ligado pelas coordenadas da interpretação e da construção. A distância entre certas posições teóricas e aquilo por que o analista deixa-se guiar inconscientemente na clínica são o que merece ser aprofundado. A teoria, lembrava Harry Guntrip, se enraíza em nossa psicopatologia: ela deve ser um instrumento, e não um mestre.

Um membro da platéia

Há algo de surpreendente na análise que a senhora fez ao lembrar a história do Homem de Areia, e sobretudo na referência a Freud e à história de Tausk. Ficamos realmente com a impressão, nos dois casos — já que Tausk escreveu, como a senhora sabe, *La machine à influencer* [*A máquina de influenciar*] —, de que se trata da produção do aparelho psíquico. Freud está diante de uma máquina ou de um mecanismo. Num caso, sofre os efeitos deste, lastimando isso, mas provocando-os mesmo assim. No outro caso, na história do Homem de Areia, ele mostra como, em torno dessa máquina e dessa boneca de cera, a loucura se põe em andamento e acaba na morte e numa forma de suicídio. Diante disso, Freud sente-se completamente impotente. Não passa de um espectador, e não há nada em seu comentário que permita situar o lugar do analista na história do Homem de Areia. Aparentemente, Freud descreveu esse mecanismo sem poder situar-se como sujeito nem introduzir uma espécie de abertura, tanto para Tausk quanto para Nataniel.

Maud Mannoni

Fico tentada a recordar a questão perturbadora formulada por uma analista inglesa. Esta se perguntou se o Homem de Areia não seria Freud, e se Olympia não seria a boneca do mecanismo analítico. Com isso, ela abriu caminho para uma reflexão sobre certos fiascos transferenciais, onde, à semelhança de Tausk, por exemplo, o paciente fica congelado, em sua relação com o analista, num estupor adivinhatório.

Patrick Delaroche

Eu gostaria de retomar a questão de O'Campo sobre a estrutura. Efetivamente, você fez alusão ao fato de que certo tipo de teorização analítica relega os estágios ao imaginário e que a estrutura, por sua vez, prescindiria de toda a historicidade. Parece-me que, no comentário que fez a propósito do Pequeno Hans, Lacan contradiz um pouco essa posição, já que ele afirmou que a fobia sobreveio no momento em que Hans se descobriu na impossibilidade, física, se podemos dizê-lo assim, de corresponder ao desejo da mãe. Coloca-se então o problema de saber se, do ponto de vista técnico, os "estruturalistas" lacanianos comunicariam tal construção ao paciente, o que o faria dizer, como escreveu Freud: "Nunca pensei nisso" — o que faz surgir uma nova dimensão na análise.

Creio que a clínica não basta; é necessária também a teoria. Mas é preciso igualmente que o psicanalista possa falar, pois efetivamente existem momentos em que o discurso do paciente não basta para ele "se auto-analisar". A crítica que podemos fazer a muitos analistas lacanianos é a de deixarem o discurso "se auto-analisar", ao passo que as intervenções do analista, mesmo que sejam um pouco triviais ou pareçam banalizar as coisas, podem, ao contrário, introduzir uma dimensão nova.

Maud Mannoni

Você citou um texto de Lacan dos anos 50. Esse texto remete à maneira como Freud situou o ciúme edipiano de Hans numa história, introduzindo com isso um mito que seria retomado por Hans sob diversas formas, até sua cura. Às construções levadas pelo pai de Hans a seu filho (em referência ao Prof. Freud), Hans de fato respondeu com uma série de mitos destinados a reorganizar o imaginário, o que lhe permitiria encontrar algo com que suprir sua fobia. A análise realmente repousa na interpretação, e você fez bem em lembrar isso.

Hoje em dia, uma certa orientação lacaniana (a da Escola da Causa) chegou a esvaziar a história, particularmente na psicanálise com crianças. Não são as referências estruturais dos anos 50 que estou criticando. Nessa época, deixava-se um lugar aos mitos, à história. Minha crítica diz respeito ao lacanismo posterior a 1970. Com o matema, reintroduziu-se um saber positivo (no mais puro estilo psiquiátrico) e houve um distanciamento da análise das modificações dialéticas próprias do desenrolar do tratamento.

Patrick Guyomard

Posso dizer, a propósito da estrutura, que não tenho certeza de que se trate automaticamente de um problema teórico. Quando os analistas deduzem uma prática a partir de uma teoria, utilizando a estrutura na clínica, há, com bastante freqüência, uma espécie de abuso. Em Lacan, a utilização da estrutura não me parece tão importuna. O mais incômodo é essa espécie de desvio que faz com que a estrutura funcione como origem. Sabemos perfeitamente que a questão da origem, para o paciente, para a criança, não é tanto um problema de estrutura, mas, antes, o problema de sua história, de seus pais, e também o do tratamento, que naturalmente está na origem da análise do sintoma. Portanto, quando o remetemos à estrutura, nós o remetemos a uma origem que, de certa maneira, é absolutamente mítica; mas de modo algum o remetemos a uma origem acessível para ele numa fala e numa história. A questão é saber se o analista poderá dizer a essa criança uma palavra que seja capaz de desempenhar, para ela, o papel de uma origem, ou seja, fornecer-lhe um apoio a partir do qual comece alguma coisa nova. Em minha opinião, a estrutura é muitas vezes indevidamente utilizada para permitir ao analista calar-se.

Acho, portanto, que não devemos confundir os problemas teóricos, que têm que ser discutidos num certo nível, com os problemas clínicos, que podem, em última instância, decorrer simplesmente da resistência do analista e de sua impossibilidade de falar. Isso não me parece inteiramente transponível.

Patrick Delaroche

Concordo inteiramente com você.

X

A senhora falou há pouco de Freud, que cuidou dos problemas das meninas e deixou a H. Deutsch a tarefa de falar dos problemas das mulheres. Mas o que me surpreende muito aqui é que não se fala mais, em absoluto, do judaísmo de Freud, e da importância que ele teve na criação da psicanálise. Não nos esqueçamos de que há quem diga que toda a obra de Freud vem da explicação da Torah, ou seja, da lei judaica. Ora, a senhora sabe que pode acontecer um rabino dar um bom-dia a uma mulher mas não tocar em sua mão, por medo de que ela esteja impura, isto é, que esteja com suas regras.

Como vê, essa história de Freud com as meninas talvez não seja tão gratuita quanto parecemos acreditar. Acho que seria preciso retomar esse aspecto de Freud, o de seu judaísmo. Aliás, quando alguém me disse, alguns anos atrás, "Mas não entendo porque há tantos judeus na psicanálise", eu lhe respondi: "Sabe, Freud era judeu, e não se deve esquecer isso."

Maud Mannoni

Cada um tem seus pontos cegos. Empurrar Freud para o judaísmo é trabalhar contra o que o próprio Freud desejava. Se ele se afirmou judeu no momento da perseguição nazista, jamais se apresentou, no entanto, como religioso.

X

Certo, mas mesmo assim, sua história religiosa está ali. A senhora não pode negar todo o passado infantil em que ele foi criado e que nunca esqueceu! Isso é impossível!

Maud Mannoni

Não podemos abstrair a história familiar de cada analista. O analista trabalha com sua própria história pessoal. Mas a maneira como se quis fazer da psicanálise uma história judaica parece-me um abuso.

Pierre Paul Lacas

Eu gostaria de evocar um exemplo de estranheza inquietante, relacionado com uma coisa de natureza artística. Trata-se de um paciente que ficava num estado de angústia todas as vezes em que se entregava a escrever poemas e romances numa língua completamente entrecortada, como a linguagem de Joyce. Não se tratava, absolutamente, de uma língua comum, mas justamente de algo estranho e inquietante. A partir do momento em que ele iniciou sua análise, foi-lhe impossível continuar a escrever assim. Pois bem, de maneira inteiramente acidental, fiquei sabendo que uma de suas avós — que morrera quando ele tinha cerca de um ano — era de origem não-francesa e falava uma língua totalmente desconhecida em sua família atual, uma língua, ao que parece, gutural, na qual as sonoridades explodem. Foi durante esse primeiro e único período da vida que ele foi realmente maternalizado, por essa senhora idosa. Achei conveniente, por minha parte, estabelecer um elo entre essa espécie de estranheza extraordinariamente inquietante para ele — e totalmente culpabilizadora —, ligada a sua atividade de poeta, e a língua feliz e benéfica, de sonoridades guturais, de sua primeiríssima infância: como se se tratasse de uma espécie de gesto sonoro a-verbal que pudesse ressurgir num imaginário exercido a título de arte, mas que deixava subsistir qualquer coisa culpada. Tudo acontecia, de fato, como se ele se houvesse tornado culpado, depois da morte dessa mulher, do prazer que havia conhecido ao escutar-lhe a voz quando estava com ela.

Há alguma coisa sendo trabalhada em torno disso nessa análise. Penso que, nesse caso, podemos nos deslocar entre uma realidade e uma reconstrução que, mesmo sendo hipotética, pode tocar justamente em diferentes registros do real e do imaginário, mas também do simbólico, que é criado sobretudo pela intervenção do analista no campo da análise.

Maud Mannoni

O que você está trazendo é muito interessante. Nas análises com escritores, creio eu, em particular, que é extremamente importante que o analista não fique tentado a ler os manuscritos de seus pacientes. Blanche Reverchon-Jouve tinha uma clientela de poetas. Ela falava da importância que havia em deixar-lhes, no plano da criação, um jardim secreto. É que, com certos analistas, os poetas e romancistas podem ver-se numa posição de se impedir de escrever.

Victor Azoulay

Gostaria de lhe agradecer por sua contribuição, que me permitiu desfazer uma certa ambigüidade relativa ao título ou à epígrafe que você deu a sua exposição: o trabalho do analista. Gostaria de partilhar com você minhas questões suscitadas pelo emprego que você fez da "dominação que bloqueia a atividade representativa". Na criança antes da linguagem, ou antes de qualquer erotização, a dominação — não a pulsão de dominação —, que ainda não foi impregnada pela piedade ou pela crueldade, pode efetivamente ser encontrada em momentos que, *a posteriori*, revelam-se privilegiados. Com os pacientes, corremos o risco, assim, de deslizar para algo que não é nem erotizado, nem sexualizado, nem mesmo uma espécie de bloqueio da atividade psíquica.

Tive a impressão, no decorrer de sua exposição, de que a realidade psíquica surgia como algo ameaçador. Mas, quando nos identificamos demais com a dominação de que o paciente é alvo, passamos a agir como ele; ficamos aterrorizados com a intromissão que possa vir do funcionamento psíquico ou da realidade psíquica. Quando se chega a isso, que fazer? Será que os referenciais teóricos são suficientes?

Maud Mannoni

Seria preciso, pelo menos, estabelecer uma distinção entre a realidade psíquica e o fantástico, em particular o fantástico que aparece como aterrorizante, como proveniente de fora, por não ser simbolizável de certa maneira. Mas haveria todo um trabalho a fazer a esse respeito...

3

Supervisão e Sensibilização ao Processo Analítico. Apanhado Histórico. Problemas Atuais

No tratamento analítico, há uma leitura em ação, e o que o analisando aprende dela relaciona-se com uma verdade parcial do inconsciente. Essa leitura é um "trabalho" que se efetua através da resistência e da incompreensão. Foi, lembra Lacan, durante o tempo consagrado por Freud a *escutar* as histéricas "que ele leu que existia um inconsciente.[1] (...) O de que se trata no discurso analítico é sempre isto — ao que se enuncia de significante, vocês dão sempre uma leitura outra que não o que ele significa".[2]

É a partir do sintoma retomado, transformado, no decorrer do percurso analítico, que se situam as possibilidades de invenção e de reorganização teórica. A análise, quando se situa no percurso do "tornar-se analista", fica, de certa maneira, interminável. O que termina como contrato do analisando com seu próprio analista continua, em seguida, na aventura que ele empreende com o paciente. Uma aventura que se apóia na abertura para o inconsciente do analista. Tentaremos agora falar no trajeto percorrido pelo candidato através das análises supervisionadas. Seremos levados a falar da supervisão, mas também da Instituição que produz ou não "o analista".

Situar a supervisão numa história, a das Instituições analíticas, é abri-la de imediato à crítica de seus fundamentos. Quando Freud, a propósito do Homem dos Lobos, lembrou que a ciência analítica devia ser recolocada em questão em cada caso, estava assim indicando ao analista que o saber exigido dele consiste, em primeiro lugar, em passar pela ignorância daquilo que ele sabe. Essa ignorância, tal como o indica Lacan, não é ausência de saber, mas "paixão do ser, caminho onde o ser se forma".[3] Sem mestre que o forme num não-saber (que não deve ser confundido, portanto, com a negação do saber), o candidato a analista corre o risco de se converter num robô. É que o inconsciente se fecha a partir do momento em que o analista "não porta mais a fala" (a sua e a do paciente). O paciente espera do analista, de fato, que ele lhe responda de maneira a que ele, paciente, possa reconhecer aí uma verdade.

A experiência comum que liga o paciente a seu analista é a experiência do inconsciente, que é condicionada pela análise do analista. É esta última (tendo por eixo a transferência) que permite ao analista encontrar as palavras que soam exatas, aquelas, diz-nos Lacan, em que *o sujeito reconhece a lei de seu ser*. Essas palavras (a interpretação), o paciente, num dado momento de sua análise, consegue encontrar sozinho. O analista, suporte da interrogação do paciente, permite, por sua vez, que tenham lugar na análise as inversões dialéticas necessárias.

Entretanto, dois analistas, com um mesmo paciente, não reagirão de maneira idêntica ao material trazido pelo analisando, na medida em que esse material os interpelará de maneira diferente (conforme a história e a análise de cada um). Portanto, o analista, segundo Freud,[4] deve ser capaz de se servir de seu próprio inconsciente como de um instrumento. E Freud acrescenta, manifestando sua reserva diante das normas padronizadas das análises típicas: "Eu não me arriscaria a contestar que uma personalidade médica constituída de maneira inteiramente diversa pudesse ser levada a preferir outras disposições perante os doentes e o problema a resolver."

Em sua correspondência com Karl Abraham e Lou Andréas Salomé, Freud não hesitava em dar conselhos técnicos. "Essa foi", escreveu ele a Abraham a propósito da técnica, "a conquista mais árdua, e é por essa razão que eu gostaria de poupar a meus sucessores uma parte do tormento e do custo da lição."[5] Mas seus conselhos remetiam o interlocutor a uma dimensão analítica, tanto que ele lembrava freqüentemente a nocividade de qualquer obstinação terapêutica e punha o interlocutor em guarda contra o orgulho terapêutico.

Thérèse Benedek,[6] falando sobre o começo de sua carreira, explicou como descobriu o complexo de castração num paciente, numa época em que não lera a elaboração dele em Freud. O que entrou em jogo nessa descoberta, disse ela, foi "o desaparecimento de minhas resistências perante esses conceitos". Antes de 1920, formar um candidato era sensibilizá-lo para o que participa, do inconsciente, no processo analítico. Nessa época, eram os pontos cegos do analista que eram objeto do questionamento. Mas, a partir de 1920, a supervisão deixou a era artesanal do companheirismo com alguém mais experiente. Integrada pelo Instituto de Berlim numa estratégia de ensino, tornou-se uma instância de vigilância do candidato.

Duas posições estiveram presentes entre 1920 e 1937. Uns (os húngaros) queriam integrar o controle na análise didática. Outros (os berlinenses, os vienenses) instauraram um sistema tripartido de formação (análise didática, supervisão e ensino).

A posição húngara visava a enfatizar unicamente a análise da contratransferência do candidato com seu paciente. Segundo esse ponto de vista, tal análise só podia ser efetuada pelo analista didata do candidato.

O inconveniente dessa posição não se prende à dimensão analítica, que é perfeitamente preservada, mas reside no fato de tornar o candidato dependente de um único mestre, o que não o ajuda a encontrar, posteriormente, seu estilo próprio com o paciente. O confronto do candidato-analista com analistas diferentes, com o que isso pressupõe de transferências diferentes, de fato lhe é benéfico.

Os analistas opostos à idéia de supervisão eram movidos, na verdade, por um otimismo a toda prova a respeito da análise didática, convencidos que estavam de ter dominado uma técnica que poderia solucionar tudo. Essa não era a opinião de Freud, que, depois do terceiro congresso sobre a *Formação Analítica,*[7] escreveu *Análise terminável e interminável.*[8] Exprimiu ali um pessimismo, e até um desencanto, no tocante à formação dos analistas. "Nossos estudantes", escreveu, "não chegam a atingir os padrões de normalidade exigidos de seus pacientes." Freud assinalou com lucidez que os fracassos com certos pacientes estavam ligados às dificuldades pessoais e aos pontos cegos do analista. Esse pessimismo a propósito da análise didática ecoou as críticas que vinham sendo feitas desde antes de 1930. Os analistas reconheceram que era difícil conduzir uma análise quando, para o candidato, ela estava ligada à Instituição que podia barrar-lhe o acesso à profissão.

No *Instituto de Berlim,* ao contrário, instaurou-se a partir de 1920 uma formação tripartida: análise didática, controle e ensino. A busca estava ausente do chamado ensino básico. Quanto ao controle, ele foi regulamentado em 1927: definiram-se os imperativos de um tratamento típico e a necessidade de o candidato ter que efetuar sua análise de controle segundo um modelo preestabelecido (no nível da sucessão dos planos de regressão, análise das resistências e fases de desenvolvimento). A tarefa do supervisor era concebida como dupla: [9]

1. Certificar-se de que o candidato havia apreendido a estrutura da neurose com que estava lidando.
2. Verificar a técnica e as interpretações.

É esse o modelo de supervisão que prevalece até os dias atuais nos grupos ligados à Internacional, mas também em outros. O supervisor, quer se defenda disso ou não, oferece-se aí como modelo identificatório, apresentando ao estudante sua própria versão das interpretações a serem dadas.

No seio da Instituição analítica, portanto, os analistas se descobrem professores e administradores. Participam das decisões de admissão ou recusa dos candidatos na qualidade de analistas. Mas essas interferências, com bastante freqüência, são responsáveis pelo fracasso tanto da análise quanto do controle. Instaura-se todo um jogo institucional em que a rivalidade entre os alunos ecoa a dos analistas entre si. Assim, durante a supervisão, acontece o aluno ter a impressão de que é a técnica de seu analista que está sendo questionada, o que induz efeitos persecutórios e um certo bloqueio na análise, que continua em outros lugares.

Foi para evitar tal invasão da Instituição na relação entre o analisando e o analista que Lacan tentou separar as condições de habilitação da autorização institucional. Na Escola, o analista praticante tinha que se declarar como tal sob sua própria responsabilidade. O reconhecimento por parte da Escola era feito num momento inteiramente diverso, após duas supervisões, uma longa prática e uma participação nos trabalhos na Escola: o candidato demonstrava ou não sua capacidade.

Contudo, Lacan não conseguiu impedir os efeitos das brigas dos mais antigos nas análises e nas supervisões. Em decorrência da introdução ulterior, a título de experiência, do passe que dava acesso a uma nomeação, a de A.E.,[10] o analista foi colocado, a despeito de si mesmo, na posição de reintroduzir a Instituição em sua relação com o analisando. Isso não se deu sem levantar alguns problemas. Aliás, foi com base na rejeição dessa experiência que sobreveio a ruptura que deu lugar à criação do Quarto Grupo: nos fundamentos dessa criação estava a separação entre *o poder de analisar* e *o poder de habilitar;* o controle foi retomado em novas bases, visando a instaurar condições de uma análise pluri-referencial.

No entanto, as questões cobertas pela experiência do passe não podem ser apagadas e continuam, hoje em dia, a interrogar o analista. É o que acontece, em primeiro lugar, com a questão do ato analítico. "Como localizá-lo? Existe", disse Lacan, "ao término de uma análise, um saber adquirido, mas de quem? A quem" (o analisando) paga o preço da verdade, da qual, no limite último, o sujeito tratado seria incurável? Será, prossegue Lacan, "desse limite que um sujeito se concebe, que se oferece a reproduzir aquilo de que foi livrado"?[11] Essas questões, não as terminamos de formular; elas têm seu lugar ao fim do percurso na chamada análise de formação, ou ainda na supervisão.

Elucidar a operação pela qual o psicanalisando passa a psicanalista continua a ser uma tarefa que cabe aos analistas aprofundar. Lacan tentou abordar o problema interrogando o movimento pelo qual o analisando cai, e o que se esvazia do mesmo movimento nesse corte, causa de desejo. Assim, é a dificuldade de ser do psicanalista que, no final do percurso, o analisando é levado a interrogar; ou seja, diz Lacan,[12] *o que custa ao ser de saber reduzir-se a não ser se-*

não o complemento do sintoma. "Aí está o que lhe causa horror [ao analista] e o que, ao elidi-lo, ele faz deslocar-se para um adiamento indefinido do estatuto da psicanálise — científica, bem entendido."

A preocupação de Lacan no tocante à passagem de analisando a analista era que a essência do inconsciente (que ele comparou a uma ostra que se abre e volta a fechar-se) não fosse perdida pelo jovem analista. Assim, o depoimento esperado sobre o trajeto analítico do analisando em processo de constituir-se analista fazia parte de uma experiência que não ficava sem efeito na formação do candidato. Esse testemunho se baseava, de fato, na experiência do real, desse real que sobrevém da ruptura de uma verdade ligada ao mais secreto do desejo humano. *Todo encontro é um encontro faltoso*: era esse o paradoxo que Lacan queria interrogar. Mas foi levado a admitir o fracasso do procedimento institucional. Quanto às questões, elas permanecem em aberto.

Ao reintroduzir a Instituição na relação do analista com o paciente, de fato se colocou este último, à semelhança do Homem dos Lobos, na posição de permitir (graças a seu testemunho) a verificação de um ponto teórico, ou de autorizar a Instituição a se posicionar num debate teórico em torno da análise (um debate englobando a questão do término da análise e a da formação do analista). Assim, esse procedimento veio reforçar os malefícios de uma situação denunciada, a saber, a maneira como, numa análise didática, a transferência para o analista desvia-se para a Instituição analítica, ainda mais quando esta se torna uma Igreja, e os psicanalistas, seus padres. O risco, para o analisando, na passagem à posição de analista, é então o de um assujeitamento à causa analítica, o que compromete qualquer advento verdadeiro como sujeito e confirma o apagamento de qualquer fala singular. O relato de uma vida ou o relato de uma aventura analítica, quando tem de ser homologado pela Instituição, sofre portanto um desvio que leva à falsificação do relato, na medida em que o analisando se apaga diante da Instituição para dirigir aos colegas o discurso que estes esperam dele. Também acontece, no movimento de retomada de sua história, o jovem analista escapar ao *ele* de um ideal e se descobrir com um *eu* marcado pela infelicidade cotidiana. Mas o risco não é pequeno em tal retomada de um *eu alienado*, e sabemos que isso pode chegar até ao suicídio. Não é simples, na verdade, nascer para sua própria história de maneira tal que esse acontecimento seja datado pela Instituição que assina, no mesmo movimento, o apagamento do sujeito. Lacan, todavia, não ficou insensível a esse perigo e ao que acontece quando o analisando paga o preço de sua passagem à posição de analista, ficando, para sempre, transformado como que no *espelho dos analistas*.

Mas voltemos ao controle realizado sem interferências institucionais. Ele tem efeitos sobre a análise, tal como a análise tem efeitos sobre o controle. É na análise, de fato, que muitas vezes se retomam certos aspectos transferenciais de um tratamento conduzido, por outro lado, na supervisão. É que a transferência do analista em formação está ligada à transferência do paciente. Longe de surgir como um elemento do jogo a ser eliminado, portanto, ela pode se revelar na origem da apreensão, pelo candidato, do entendimento de uma situação em que ele está implicado (por terem as defesas do paciente podido revelar nele, como um eco, elementos de sua história pessoal). Acontece que o domínio do processo analítico não pode ser "ensinado" na supervisão. Assim, alguns aspectos vividos nesse processo beneficiam-se de ser retomados em análise. Acaso a própria compreensão adquirida por Freud junto a seus pacientes não surgiu em certos momentos precisos de sua história pessoal?

Voltarei mais adiante aos diferentes aspectos que podem ser assumidos pela supervisão, que corre sempre o risco de oscilar entre um aspecto terapêutico (a análise do candidato) e um aspecto didático (a relação com a clínica, a teoria e a técnica). Mas persiste o fato de que o supervisor corre o risco de constranger o candidato, ao sentir-se, ele próprio, responsável pelo paciente. Podem então surgir dificuldades de aprendizagem diretamente ligadas à relação professor-aluno e estorvar, simultaneamente, a análise e o desenrolar da supervisão. Joan Fleming e Thérèse Benedek (1960) descreveram a situação de supervisão como um sistema triádico: supervisor, paciente e analista. Cada pessoa nesse sistema funciona num sistema diádico com ou em relação a um terceiro ausente. O risco é que o paciente, às vezes, passa a ocupar o lugar do morto (como aliás ressaltou C. Stein) num jogo em que não sabe estar engajado.

De que modo o analista em formação aprende a conduzir uma análise? Reik [13] sugere ajudar o candidato a escutar com seu "terceiro ouvido", havendo os outros dois, diz ele, sofrido os efeitos de surdez provocados por um ensino dogmático. Um saber pré-digerido, mesmo que dê conta da experiência analítica, certamente tem efeitos de deformação. O analista, se pedir à prática que venha ilustrar a teoria, corre o risco de não mais ficar disponível para o imprevisto. Quando a interpretação deixa de se ligar à análise do analista, ela se converte num discurso para convencer e, com isso, perde sua função de revelação. Ora, uma fala em que se fundamenta a verdade apóia-se, lembra Lacan, numa "cadeia de falas" [14] que se estende além do sujeito e que é constituída, não só de acontecimentos, mas também de faltas que descobrimos em ação no mito familiar do neurótico e cujos efeitos devastadores são reencontrados, às vezes, na terceira geração. Assim, quando Freud, no Homem dos Ratos, fez ruir a trama imaginária da neurose, ele o fez na medida em que ouviu o que estivera em jogo no destino do sujeito antes mesmo de seu nascimento, em função da dívida simbólica do pai, dívida da qual o filho se fez testemunha no sintoma.

Hoje em dia, os analistas tendem a esquecer que o caminho de Freud começou com os ensaios tateantes da experiência, a ser situada no contexto de sua própria análise. Foi pouco a pouco que ele buscou construções teóricas para explicar uma prática. Depois, os alunos aplicaram essas descobertas teóricas, esquecendo que também era preciso preservar, na escuta, o estado de graça de um não-saber.

Com respeito a isso, Balint [15] relembrou, não sem um certo humor, o efeito da evolução teórica de Freud sobre a prática dos analistas ao longo de seus anos de formação. De fato, cada novo avanço teórico parece ter sido reintroduzido no ensino sob a forma de parâmetros fornecidos aos alunos para fins de aplicação na orientação do tratamento. Assim, Balint mostra como partiu do *Pequeno Hans* e de *Além do princípio do prazer* para depois se abrir para a segunda tópica. Os objetivos terapêuticos então ensinados aos alunos eram, num primeiro tempo:

— vencer a resistência do paciente;
— suspender a amnésia infantil;
— tornar consciente o inconsciente.

A tarefa do analista, portanto, era de reconstrução. Depois, num segundo movimento, os objetivos terapêuticos se transformaram (para traduzir a formulação freudiana "Onde era isso o eu deve advir") em ajudar o paciente a abandonar seus mecanismos de defesa e a desenvolver outras defesas menos custosas.

Na abordagem *dinâmica*, portanto, o analista enfatiza o conteúdo (o recalcado). Na abordagem *tópica*, a ênfase é colocada nas falhas do desenvolvimento e nos mecanismos de defesa. Num terceiro movimento, a palavra de ordem dizia respeito à relação objetal. Somente as interpretações da transferência, explicavam, eram passíveis de provocar uma mudança. Depois veio uma quarta etapa: Balint constatou que os analistas, em sua prática, enfrentavam problemas cada vez mais complicados (no plano da referida relação objetal) sem dispor dos conceitos teóricos necessários para dar conta deles.

Mas essas correntes divergentes no plano teórico-prático se reduzem, no final das contas, a duas grandes opções: a primeira tem uma *orientação adaptativa ou normativa*, enquanto a outra reata os laços com as posições de Freud em seus primórdios. Nesse outro caminho, a psicanálise *procura se definir em relação a critérios científicos, vindo a cura de quebra como um efeito no tratamento.*

O que cabe estudar mais de perto é o obstáculo que podem representar, na análise de um sujeito, as concepções teóricas preestabelecidas do analista. Num artigo notável, Guntrip [16] expôs sua análise com Fairbairn e, a seguir, com Winnicott. Manifestou frente a seus analistas uma mescla de gratidão e amargura. A análise com Fairbairn girou essencialmente em torno da noção de rivalidade edipiana. Mas era Fairbairn, e não Guntrip, que era atormentado pela questão do roubo do pênis do pai. Guntrip não conseguiu fazer com que se ouvisse outra coisa mais arcaica, e a análise se bloqueou. Quanto a Winnicott, ele o ajudou de maneira indiscutível. Os limites da análise ligaram-se, nesse caso, ao modo como Winnicott retomou a queixa do paciente em relação à mãe no nível da realidade, numa orientação reparadora. Ora, para desligar-se da mãe, é preciso, primeiro, poder denunciá-la. Empenhado no processo da análise, Guntrip esbarrou, portanto, nos dois casos, numa *crença* do analista, que arrasta o paciente por um caminho correspondente à verdade do analista, e não do próprio paciente. Para o enigma de seu ser, aliás, foi Guntrip quem encontrou a chave, por intermédio de um sonho posterior à morte de seu segundo analista. "A teoria", concluiu ele a partir daí, "é um mestre ruim. É útil, mas como servidora."

Até aqui, distinguimos três formas de controle:

— *a análise-controle,* num prolongamento do modelo húngaro; nela, o sujeito retoma em sua análise didática as questões que dizem respeito à transferência e à "contratransferência" da análise conduzida com seu paciente;

— *o controle-controle* (para retomar uma expressão de Jean Favreau) : estamos, nesse caso, no prolongamento do modelo berlinense, onde o analista exerce uma função de vigilância sobre os primórdios de uma prática e se sente responsável pelo paciente;

— *a supervisão propriamente dita (ou trabalho prático sob supervisão)* : o termo é de Balint. Em 1948, ele desejou uma revisão quanto aos objetivos da formação e quanto aos métodos da supervisão. Na verdade, parecia-lhe urgente ajudar o candidato a se libertar de um supereu rígido, e ele se recusou a ocupar a posição de "vigilância" do paciente do supervisionando. Pareceu-lhe preferível criar um estado de espírito em que se tornasse possível ao supervisor sensibilizar o candidato para o processo analítico em que ele estava implicado com seu paciente. O supervisor, segundo ele, devia poder adaptar-se a cada caso particular, com a preocupação de preservar a espontaneidade do sujeito. A metodologia utilizada no contexto dessa opção, entretanto, é muito diferente de um analista para outro. Alguns (dos quais faço parte) deixam-se guiar sobretudo pelo próprio colega mais jovem, que é incentivado, no início, a trazer não tanto o relato fiel das sessões, mas o que está em impasse nesta ou naquela de suas análises. Os fracassos é que são interrogados em primeiro lugar, para valorizar o estudo do que, na análise, fica às vezes na ordem do inanalisável. É só num segundo tempo que se trata de sensibilizar o sujeito para o que está em jogo no nível da demanda de entrada em análise do paciente, principalmente quando essa demanda vem dos pais de uma criança ou do meio de um psicótico. É para a dinâmica de uma situação de conjunto (aquilo a que chamei discurso coletivo), portanto, que procuramos sensibilizar o sujeito. Assim, é só num terceiro tempo que o colega jovem nos fala seguidamente de um paciente. Ele preserva também a possibilidade de não falar mais nisso durante semanas. A leitura posterior das dificuldades ou dos erros, de fato, é sempre mais cômoda e menos culpabilizante para o sujeito. Atribuo, por minha vez, um certo valor a um modo de acompanhamento informal, no estilo do companheirismo.

Outros analistas, como sublinha Grinberg,[17] preferem a gravação da sessão. "Há supervisionandos", diz ele, "que assim chegam até a comparar a gravação da sessão de controle com a gravação da sessão com o paciente." Grinberg aconselha seus alunos, além disso, a tomar notas depois da sessão. Para ele, reler um texto permite ao candidato, na releitura de suas próprias intervenções, distanciar-se do paciente, "a ponto de se surpreender ao se ouvir falar com o analisando".

Às três formas que acabamos de ver eu acrescentaria ainda *uma quarta categoria de controle,* empregável com aqueles que eu chamaria de "supervisionandos perdidos", e que de certa maneira estragaram alguma coisa em sua própria análise (ou estragaram sua análise no sentido de não terem conseguido entrar nela realmente). Alguns desses jovens terapeutas (muitas vezes, jovens psiquiatras que não se descobrem feitos para essa profissão, mas também jovens psicólogos diplomados e autoritariamente colocados pela administração na posição de terapeutas) jamais se tornarão analistas, mas se sentirão correndo menos perigo com seus próprios pacientes, se puderem, a propósito de um paciente, reinterrogar o que permaneceu como um impasse dentro deles. É no depois de um trajeto analítico, numa identificação com o paciente, que o jovem colega consegue então apreender aquilo a que antes permanecera alheio.

Todavia, essa maneira de continuar a própria análise, com ou a propósito de um paciente, não é desprovida de riscos e pode ser discutível. Mas isso corresponde também à realidade do que encontramos em nossa prática atual.

Creio que é importante, como aliás expôs Robert Barande,[18] podermos estabelecer uma distinção entre o que ele chama de *utilização social das análises controladas* (as supervisões efetuadas no contexto de uma Instituição com vistas à habilitação) e a especificidade da prática do que ele denomina de *escuta assistida,* sua necessidade no amadurecimento do processo analítico.

É freqüente os jovens colegas habilitados como analistas por sua Instituição continuarem, por uma espécie de exigência interna, a pedir ajuda a um supervisor como recurso a um terceiro, no trabalho difícil de realizar com um paciente. Quarenta anos atrás, não era raro (como foi o meu caso), promovidos a analistas no contexto de uma Sociedade Internacional de Psicanálise, continuarmos a formação escolhendo um leque muito amplo de supervisores (tive cinco). Era por esse caminho que se davam, ao mesmo tempo, a transmissão da psicanálise e o movimento de uma descoberta. Fazia-se uma coisa em dois tempos. Assim, o ensino e a supervisão, recebidos num primeiro momento sob a forma de um saber pré-digerido, puderam, em seguida, ser continuados por mim sob a forma de uma sensibilização interna para o processo analítico, dentro da perspectiva do que Freud talvez designasse pelo nome de análise interminável. Desse modo, as supervisões múltiplas me permitiram desprender-me do fascínio por um único analista e apoiaram meu desejo de busca. Tive a oportunidade, nessa época, que se situou no pós-guerra imediato, de conhecer analistas que me fizeram uma grande contribuição através de uma espécie de companheirismo, e, convém realmente dizer, de confraternidade, qualidades que hoje em dia se perderam.

De Françoise Dolto guardo a lembrança de uma enorme disponibilidade. Tive o privilégio de trabalhar com ela no hospital Trousseau e de tê-la como supervisora durante anos. Sua maneira de funcionar era intervir no modo: "Eis o que deve ser dito ao paciente." Se isso me fazia captar o que estava acontecendo com a dinâmica de uma situação que me escapava, nunca fiquei tentada, no entanto, a reproduzir a formulação de Dolto para o paciente. Era com minhas próprias palavras, extraídas do entendimento do que eu tinha podido captar de uma situação, que eu intervinha junto ao paciente.

No decorrer desses mesmos anos, Lacan me fez entender que eu precisava dele. Tendo chegado para uma supervisão, vi-me questionada sobre pontos precisos relativos a minha própria análise. As fantasias subjacentes ao desejo de tornar-me analista de fato não tinham sido analisadas: a motivação do *tornar-se analista* fora avalizada, no nível da realidade, no início de minha análise, como um projeto coerente a ser levado em consideração, fora de qualquer questionamento. Lacan estimou que, de análise, eu não tinha tido nada. Foi assim que me vi embarcar numa reanálise, tempo de eu refletir sobre aquilo em que me havia tornado durante aquela primeira aventura, e sobre o que, de mim, havia falado ali no nível do sintoma. Foi preciso, é verdade, esse segundo movimento, essa retomada de uma interrogação, para que eu encontrasse as palavras com as quais dar conta de uma experiência. É essa *segunda operação* que merece o nome de psicanálise e que distingue esta última da sugestão. Mas a questão do enigma do término da análise pertence ao analisando. É ele, de fato, que está em melhor posição para contribuir para o avanço da psicanálise, ao trazer sua contribuição, sob a forma de testemunho, à comunidade dos analistas. Porque o analista, ao deixar seu paciente partir, deve poder fazer o luto da verificação última de certos aspectos da teoria, concernentes, entre outros, à transferência e a sua resolução (a saber, tudo o que se relaciona com a repetição e a resistência).

A supervisão que fiz com Lacan, por outro lado, deu-se num contexto em que me foi preciso abandonar uma posição inconsciente que decorria de um saber sem sujeito — no sentido de que o sujeito *é* sabido no nível do saber inconsciente [19] — para fazer surgir do lugar do inconsciente um saber legível, articulando-se com o real de uma clínica. É em função de tal distanciamento entre o imaginário e o real que o sujeito pode, de fato, chegar a reconhecer a verdade de uma experiência analítica que se abre para uma alteridade na qual se inscreve o desejo do Outro. "Estou ainda", disse Lacan, "a interrogar a psicanálise sobre a maneira como ela funciona. Como é que ela mantém, que constitui uma prática que às vezes é até eficaz?" [20]

Prestar contas, em análise, do que se produz no nível do sujeito pressupõe recordar que o termo *desiderium* foi originalmente empregado para designar o pesar. É justamente essa divisão, associada à noção de perda, que o termo *pesar* evoca. Assim, alguma coisa constitui um *resto* que sofre efeitos de discurso. Se é verdade que o psicanalisando faz o analista, esse psicanalista deve aprender a situar em que existe o psicanalista, isto é, em que seu ato se produz *por e com* aquilo que cai da castração. "É unicamente pelo equívoco", lembra Lacan, "que a interpretação opera." [21] É que a interpretação age porque é metáfora e faz surgirem outros significantes além do que está preso no sintoma. Sendo este último *uma fala atada,* é desse lugar que o sujeito é conclamado a nascer e a reconhecer, *a posteriori,* o que ele sabia sem saber (sendo esse reconhecimento de um saber o oposto do conhecimento paranóico).

Se o analisando sente ter uma dívida de fala e de vida para com o analista, este, por sua vez, deve tudo à fala de que o paciente dá testemunho no sofrimento. Há, portanto, uma dívida de fala que se ata no lugar de um reconhecimento recíproco. É isso que me autoriza a dizer que, se Lacan me deu os instrumentos para prestar contas de uma experiência analítica e se devo a ele ter nascido para a escrita, foram os pacientes que me permitiram testemunhar sobre uma fala que os fez viver.

Na base da atividade sublimatória que é a escrita está a pulsão que rege seu tempo e sua repetição. Mas é *o trabalho analítico* (no sentido como Freud o entende) que permite aparecer uma fala no discurso analítico. É enquanto *falante* que a escrita se consuma nesse caso. Ela não exprime, ela cria — no sentido de produzir o significante. Entrar na escrita, portanto, é advir como sujeito, ser arrastado por ela para além de seu ser de sujeito, numa relação com o Outro simbólico. Nesse aspecto, toda escrita analítica é uma história de amor. Na verdade, é pelo fato de o outro imaginário ser colocado como Outro que se abre para aquele que escreve uma passagem possível à sublimação.

Lacan considerou o sintoma como sendo *o que não cessa de se escrever do real.*[22] Ao término de uma análise, o sintoma pode efetivamente prolongar-se numa escrita, sendo então esse sintoma articulado no que Lacan chama de "nó mental". O efeito de consistência do mundo, por conseguinte, já não será garantido ao sujeito pelo sintoma, mas antes pelo que poderíamos chamar de uma consistência imaginária na escrita. Esse imaginário é, então, um dom dos elementos simbólicos construídos com base no sofrimento de um luto (o do ódio). "Haver-se com seu próprio sintoma"[23] é, portanto, inventar a partir dele um jogo de articulações simbólicas.

Dito isso, meu ofício de analista, tenho o sentimento de havê-lo aprendido em algum ponto da confrontação com os pacientes com quem Dolto conversava no hospital. Ela havia conseguido, frente a um público de uma dezena de pessoas (elas mesmas em análise), criar a intimidade necessária com o paciente para que se instaurasse o contexto de uma situação analítica. Pois bem, foram os pacientes que, mais tarde, fizeram de mim uma analista.

No trabalho da análise, analisando e analista saem modificados um pelo outro. A verdade que não pertence a ninguém surge, pois, *entre* o analisando e o analista, através das resistências de um e de outro. Uma das formas de resistência do analisando, aliás, como assinala Rosenfeld,[24] traduz-se pela idealização da interpretação do analista, esvaziando-a de qualquer sentido. Só restam então ao paciente palavras que ele idealiza e nas quais projeta a onipotência de um saber despojado de qualquer efeito de verdade.

Seja como for, estou convencida de que o ensino clínico, cujos efeitos podem ser retomados em análise, pode intervir muito cedo na carreira do candidato. Esse ensino, na verdade, faz o sujeito progredir em sua própria práxis, sob a condição de que ele guarde em aberto para si a possibilidade de uma redescoberta pessoal da psicanálise.

Deixei de lado, por falta de tempo, o problema da criação, nos anos 50, de um corpo de supervisores dos supervisores, em Buenos Aires e nos Estados Unidos. Um livro [25] que se converteu num clássico apresentou as interferências transferenciais, no tratamento, ligadas a tal situação de vigilância, com seus efeitos de distorção. Por causa disso, os analistas chegaram, por momentos, a praticar o *registro dos fatos,* esquecendo que a verdade em jogo na análise não é da ordem de uma realidade ou de uma verdade objetiva. O campo da fala realmente põe em jogo uma verdade que só se diz na divisão em que se sustenta o desejo, uma verdade que se diz através da mentira e do sintoma.

Uma questão, no entanto, não foi levantada nesses trabalhos publicados sobre a supervisão. É esta: *qual é a natureza das relações entre o supervisor e o paciente que ele não vê? Qual é a natureza das relações entre o supervisor e o analista do paciente?*

Essa questão encobre uma outra, a do desejo do analista em articulação com uma exigência ética da verdade, ao que se liga a fala do analisando através da pergunta: *O que você quer de mim?*

Ao afirmar que o analista só se autoriza por si mesmo, Lacan fez entender que o analista, esteja em formação ou não, está sozinho com seu paciente, é o único responsável por seu ato (do que Lacan afirmou que os analistas têm horror). Por conseguinte, o que se perfila num término de análise, através de uma perda, é uma ética da sublimação que se opõe às éticas do gozo, uma ética que recusa, portanto, qualquer posição de domínio (o que não deixa de ter efeito, ao mesmo tempo, sobre a posição do analista e sobre a do supervisor). Se o analista em formação, no decorrer de uma supervisão, aprende a situar uma subjetividade no espaço de uma estrutura (isto é, de uma construção inteligível), ele realmente deve, também, a partir de uma posição de não-saber, levar em conta aquilo que, no que se enuncia no discurso de seu paciente, ultrapassa qualquer teoria. O sintoma representa, segundo Lacan, o retorno da verdade como tal do recalcado na fenda do saber. É essa verdade que deve ser levada em conta, mesmo que ela torne a contestar esta ou aquela construção teórica (como aconteceu com Freud no tocante ao Pequeno Hans depois de adulto). A possibilidade de dizer a verdade, além disso, permanece presa ao desejo do analista, e portanto, à sua maneira de orientar ou de desviar a análise, ou mesmo de bloquear qualquer possibilidade de inversão dialética.

A supervisão, quando sua prática é regulamentada (como acontece em muitas sociedades ligadas à Internacional), coloca o supervisor na posição de ser não o referencial do analista, mas o *responsável pelo tratamento* (*e por seus fiascos*) que se desenrola entre o analista em formação e o paciente. O *sujeito suposto saber* (*ou o sujeito que sabe*) passa então a ser o supervisor, o que desvia a atitude do analista em formação, que corre o risco de não se autorizar a ocupar para seu paciente o lugar de sujeito suposto saber. Em seu apagamento como analista (do paciente), ele passa, de fato, a remeter o paciente ao supervisor. É claro que alguns pacientes não deixam de perceber isso e perguntam ao analista se ele está ou não em supervisão.

Nos Estados Unidos, em algumas unidades hospitalares onde se faz a formação analítica dos jovens psiquiatras, chega-se até a apresentar ao paciente o "analista em formação" designado para cuidar dele. Não é raro, nesses casos, ver o paciente fazer sua análise *diante* de seu analista. É que não é *ao* seu analista que ele se dirige, mas ao supervisor. Quando esse supervisor, por sua vez, tem um supervisor, isso constitui uma série de revezamentos na escuta e nas transferências, o que é prejudicial para o paciente, que passa a correr o risco, como lemos no começo, de ocupar o lugar do morto. Se o que está em jogo não é a cura dele, mas a habilitação de seu analista, isso não se dá sem levantar um problema simultaneamente ético e didático.

A questão decisiva, portanto, é: *quem é responsável pelo paciente?* Nisso, não podemos senão retornar à fórmula lacaniana: *um analista só se autoriza por ele mesmo.* O que quer dizer que ele está só no ato realizado. A meu ver, portanto, um supervisor só pode ser eficaz se ficar um pouco recuado e não procurar, numa rivalidade com seu colega jovem, ocupar fantasmaticamente o lugar do analista do paciente.

A questão "quem fala com quem?" constitui o eixo em torno do qual se ordena a supervisão. Não se estando atento a isso, embaralham-se as cartas e falseia-se o jogo.

Discussão

Patrick Guyomard

Agradeço a Maud Mannoni em nome de todos vocês por sua exposição, que, como vocês puderam ouvir, é também um depoimento sobre sua atividade de analista, sua história e sua própria formação. Está claro, de fato, que o problema do controle não pode ser examinado por um analista fora de sua própria história analítica.

Maud Mannoni

Tentei deixar as questões suficientemente em aberto, na esperança de que alguns possam fazer uma exposição e trazer seu testemunho de analistas acerca de sua própria trajetória.

Marie Moscovici

Pertenço a uma sociedade da Internacional, uma dessas sociedades instituídas que vocês conhecem. A propósito de embaralhar as pistas e falsear o jogo — embora eu lhe agradeça, Maud Mannoni, por essa exposição, porque é muito raro se ouvir uma exposição tão completa sobre a questão da supervisão e do controle, na maioria das vezes isso não é discutido, pelo menos publicamente —, devo dizer que uma coisa que você disse me incomodou o tempo todo. Talvez seja por causa da associação a que pertenço, mas vou lhe dizer como, ou pelo menos, vou tentar.

Sua exposição é, de fato, um depoimento onde você conta aquilo por que passou e, ao escutá-la, eu disse a mim mesma que isso não se prendia exclusivamente à geração a que você pertence, porque, afinal, sou um pouquinho mais moça do que você, mas não tanto, quer dizer, também não sou uma jovem recém-chegada de hoje. O que você disse prendeu-se, portanto, realmente a uma história pessoal, e eu dizia a mim mesma que havia algo de polêmico no que você estava contando, o que é pelo menos justificado quando se fala dessas questões. Mas, de repente — perdoe-me, estou-lhe dizendo isso um pouco abruptamente, é a primeira vez que venho aqui (mas não é a primeira vez que saio de minha sociedade, saio de minha sociedade analítica o tempo todo) —, descobri que havia algo de extraordinariamente ultrapassado no que você disse quanto ao campo social da psicanálise tal como ele é hoje na França. Assim, não estou surpresa por você ter recorrido com tanta freqüência a exemplos divertidos, que fizeram todos nós rirmos, a respeito dos Estados Unidos, por exemplo. Em primeiro lugar, não estamos nos Estados Unidos; depois, tomar os Estados Unidos por alvo já estava em moda quando eu era mocinha e ia, eu também, aos seminários de Lacan e a outros seminários, como toda jovem debutante em formação. Já naquela época dizíamos: "Eles fazem isto, eles fazem aquilo, eles estatuificaram e institucionalizaram o controle assim ou assado." Tudo isso era e, provavelmente, continua a ser verdadeiro. O que talvez haja de mais espantoso é você ter feito das sociedades de análise que existem hoje, por exemplo, na França — e Deus sabe que não coloco a minha nas nuvens —, uma coisa parecida com o que você descreveu do Instituto de Berlim na época de Freud, ou seja, um lugar onde codificaram inteiramente o controle, o ensino aos candidatos, a carreira, e onde era preciso que isso se desenrolasse como você expôs muito bem — tenho certeza de que uma porção de gente não sabia disso — segundo estágios de regressão, estágios de desenvolvimento, etc.

Em suma, você deixou subentendido, e chegou mesmo a dizer, que haveria aqui na França locais onde as coisas ainda são tratadas assim. Ora, acredito que as coisas já não são tratadas dessa maneira em parte alguma. Evidentemente, você tem um velho inimigo, que é também provavelmente o meu: é o que se fazia na SPP [Sociedade Psicanalítica de Paris]. Não é que a SPP não exista mais, ela continua a existir, mas muitas coisas aconteceram conosco na França desde 1953, ainda que minha história, que não começou nesse momento, porém mais tarde, tenha sido marcada por essa data. Já não existe em parte alguma esse tipo de coisa, desde o que nos aconteceu em seguida à cisão de 1953. O que aconteceu, em particular desde a morte de Lacan — não é tão velho assim —, é que o campo da psicanálise está em frangalhos, literalmente. Você se opõe, portanto, a uma doutrina analítica que nos estaria sendo ensinada, a uma doutrina do controle que estaria sendo praticada, mas acho — enfim, pelo menos é isso o que experimento lá onde estou — que estamos num campo em que literalmente não sabemos mais o que estamos fazendo, nem o que devemos fazer.

Estamos agora confrontados com nossa diversidade entre as sociedades analíticas: as do passado, a SPP, depois a SFP, o Quarto Grupo, a APF, e depois as que nasceram da ruptura e da dilaceração da Escola Freudiana. * Todas são fragmentos do campo da psicanálise, quer sejam da Internacional ou não. Todas se viram confrontadas com a mesma pergunta: como são feitas as análises? Como se transmite a análise? Estamos agora numa enorme desordem do pensamento, que faz com que o que é feito por uns e pelos outros talvez seja menos o moinho de vento dogmático a que você se opõe. Além disso, em cada sociedade analítica, somos indivíduos diferentes, temos práticas diversificadas em cada caso, não temos um modelo de prática do controle, não sabemos como estamos fazendo. Esse é um aspecto das coisas que talvez não seja o principal, mas que assim me parece em relação ao que você disse. Seria preciso considerarmos a questão sem atacar moinhos de vento. Por exemplo, na sociedade de análise em que estou, onde sou membro titular

---

* SPP — Sociedade Psicanalítica de Paris; SFP — Sociedade Francesa de Psicanálise; APF — Associação Psicanalítica da França. (N.T.)

há algum tempo, não faço controle institucional, porque neste momento essa questão está me incomodando — é provável que venha a fazê-lo. Mas respeito os colegas que o fazem, e apreciei os controles institucionais de minha própria formação. Não descobri que temos um modelo de prática, na APF, por exemplo, e tenho certeza de que ele não existe em parte alguma. Assim, estamos hoje confrontados, não com uma doutrina, mas com uma *falta* de doutrina. São, talvez, um sofrimento e um problema tão grandes quanto na época em que a ciência nos era repassada — aliás, será que algum dia fizeram isso? —, em especial quando não se era lacaniano.

Desculpe-me por ter-me alongado tanto.

Maud Mannoni

Eu lhe agradeço muito por sua intervenção. Minha intenção não foi, de modo algum, ser polêmica ou contundente. Também eu sou membro da Internacional (toleraram minha pertença dupla) e trabalhei muito os textos escritos pelos analistas dos diferentes grupos. O que eu trouxe aqui não data unicamente de 1920. Tentei, na verdade, mostrar o peso sempre atual da orientação e da organização que foram instauradas em 1920. Essa questão que levantei, aliás, foi alvo de debates até mesmo nos congressos internacionais mais recentes. O que tentei mostrar é que o controle e a análise se apresentam de maneiras diferentes, conforme estejam ou não presos no circuito institucional. Existem dificuldades específicas ligadas a esse problema, e foi em razão delas que Lacan tentou separar da análise as questões da habilitação. Foi uma das razões pelas quais ele propôs que *o analista só se autoriza por si mesmo,* vindo o reconhecimento pela Escola num momento inteiramente diverso. Assim, ele registrou o que se passava na realidade.

No movimento analítico, houve dois períodos: aquele em que nos perguntávamos o que era a análise e, depois, aquele em que nos perguntávamos o que devíamos ensinar. Mas os testemunhos dos pacientes quanto às dificuldades de um trajeto efetuado é que são os mais instrutivos. Ora, sentimos falta deles na França.

Dito isso, concordo com a maneira como um Willy Baranger coloca o problema da formação e das Instituições. Há questões sobre as quais não devemos silenciar. Assim, pareceu-me importante registrar as dificuldades específicas que são próprias da formação e da Instituição analítica.

Guy Laval

Gostaria de falar de uma coisa que você também abordou em sua exposição e que eu chamaria de solidão do analista; você desenvolveu isso, creio eu, em outros termos. Quando um analista jovem começa a aceitar pacientes, ele faz a aprendizagem dessa solidão. Isso me parece muito importante, porque, nesse momento, queira ele ou não, quer saiba disso ou não, ele começa sua auto-análise. Parece-me que o que o controle pode dar como contribuição nesse momento é permitir o melhor desenrolar desse processo de auto-análise, e permitir não apenas seu começo, mas também sua manutenção.

Moustafa Safouan

Eu gostaria de tecer alguns comentários em favor de minha amiga Marie Moscovici.

É possível que a descrição que Maud Mannoni nos deu da maneira como o controle é concebido em algumas sociedades psicanalíticas seja injusta, ou mesmo caricatural — embora a leitura de certas obras, como as de Robert Lang, antes lhe dê razão. Mas o importante não está aí. O importante é que as questões relativas ao controle variam segundo os contextos institucionais onde se colocam. Numa dada instituição, tais ou quais questões são colocadas, enquanto se esquecem, para não dizer que ficam proibidas, outras questões.

Por exemplo, as sociedades que pedem a seus candidatos que se comprometam a não se dar o título de analistas enquanto não forem autorizados a fazê-lo não podem desconhecer, indefinidamente, o fato de que a maioria desses candidatos exerce atividades terapêuticas que devem sofrer os efeitos de suas análises; nem que alguns deles exercem inclusive a análise, sem chamá-la por seu nome, a pretexto de o estarem fazendo à razão de duas sessões por semana, quando, oficialmente, uma análise requer um mínimo de três sessões. Mais cedo ou mais tarde, deve-se colocar a questão de saber se a Sociedade não deve oferecer ou aconselhar a seus candidatos os controles que forem mais convenientes: se não deve incluir, em seus programas de ensino, cursos teóricos sobre os diferentes métodos terapêuticos. Sabemos que essas questões foram objeto de um colóquio cujos relatórios e discussões foram publicados, em 1982, numa obra organizada por Edward D. Joseph e Robert S. Wallerstein, *Psychotherapy*: *Impact on Psychoanalytic Training,* I.U.P., Nova York. Inversamente, uma instituição que suprime essa questão, suspendendo o desconhecimento que está subjacente a ela, e que postula como princípio que "o analista só se autoriza por si mesmo", coloca cada um de seus membros diante desta questão: "Será que devo aceitar todo pedido de controle que me for dirigido por qualquer um que se diga analista, mesmo quando o solicitante repetir essa fórmula sem desconfiar do que essa repetição significa como alienação, nem de que essa alienação o poupa da angústia que o princípio lacaniano deveria, antes, suscitar?"

Outro exemplo. Uma Sociedade que se proponha selecionar controladores deve colocar-se a questão dos critérios segundo os quais reconhecemos o bom *supervisor.* * É uma questão que não se coloca nas Sociedades que se contentam com o acesso ao posto de titular, Sociedades cujos membros tampouco se interrogam sobre as razões que os levam a aceitar pedidos de supervisão, já que a resposta lhes é dada de antemão pelo simples fato de eles serem titulares. Ao contrário, essa interrogação torna-se insistente numa instituição que deixa a seus membros a responsabilidade por seus atos,

* Em inglês, no original. (N.T.)

mesmo que tenha de equilibrar essa liberdade organizando métodos de trabalho que permitam sua crítica.

Essas observações sobre a variabilidade das questões, conforme as Instituições, não implicam que o analista esteja incapacitado de tratar as questões que se colocam fora do contexto institucional em que ele trabalha, uma vez formuladas essas questões. Não vemos porque um analista titular ou um analista "livre" não estaria em condições de sustentar opiniões firmes sobre a questão do bom supervisor, por exemplo, e, portanto, de mostrar o absurdo existente em querer selecioná-lo; se esse absurdo existe, compete a eles fornecer a prova disso. No mais, qualquer analista sem dúvida admitiria com facilidade que o controle foi "internacionalmente" institucionalizado como etapa ou como método necessário da formação do analista, sem que essa necessidade tenha sido provada. Pois bem, é possível, depois de mais de sessenta anos de experiência, que analistas de todas as orientações estejam agora aptos a responder à pergunta: *porque o controle?*

Essa resposta não deixará de modificar a significação da institucionalização em causa: de organização hierárquica de uma profissão, ela se converte, retroativamente, numa decisão que põe à prova a fundamentação de um postulado.

No momento atual, ninguém parece mais bem situado do que Maud Mannoni para conclamar para esse fim o concurso dos analistas. Espero que ela o faça.

Conrad Stein

Eu me proponho integrar ao que vou dizer amanhã, acerca das *identificações do psicanalista,* alguns comentários relativos aos pontos que retiveram muito particularmente minha atenção no correr de sua excelente exposição. De fato, parece-me que a questão do controle não é estranha a essas identificações. Se levantei o dedo há alguns momentos, foi para intervir no debate que opôs você a Marie Moscovici. É verdade que talvez você tenha dado a Marie Moscovici a oportunidade de condená-la, ao registrar procedimentos norteamericanos tão manifestamente distanciados do espírito da psicanálise, que nos é fácil simplesmente nos arrogarmos isso e não querer reconhecer-nos aí.

Existem coisas, Marie, que você me parece não ter querido levar em conta. Na sua associação, como na de que tenho a honra de ser membro — e da qual, aliás, todos vocês saíram por filiação —, a saber, a Sociedade Psicanalítica de Paris, as coisas transcorrem mais ou menos da mesma maneira. Lá, cada um pratica o controle como bem entende. Já se vai um bom tempo que as veleidades de legislar a esse respeito, que puderam manifestar-se em 1952 ou 1953, por ocasião da fundação do Instituto de Psicanálise, caíram no esquecimento. Mas isso não basta para dizer que as coisas que são feitas hoje em dia nos Estados Unidos nos são totalmente estranhas. Se, em nossas associações, cada um faz o que quer, não é tanto em razão de uma liberdade estatutária quanto devido à latitude, no tocante ao espírito dos estatutos, que nos é deixada por uma organização impotente para fazer prevalecer uma doutrina. Nossas associações são estruturas burocráticas que não têm outro fim senão o de se perpetuarem, para o que basta a manutenção dos procedimentos de habilitação e reconhecimento. Talvez isso se deva a habitualmente considerarmos evidente que uma associação de psicanalistas cuide da formação. Para mim, isso não é evidente.

Tanto considero o controle apaixonante quanto o peso dos procedimentos burocráticos de habilitação e reconhecimento tem-me parecido mortífero. Por isso é que há muito tempo tenho recusado os controles no contexto do chamado instituto de "formação" ligado à sociedade de que sou membro. É o próprio procedimento que está em questão, bem mais do que a maneira de conduzir o controle. Por outro lado, mesmo no início dos anos 50, os supervisores faziam o que queriam. Schlumberger, por exemplo, tinha a reputação de nunca dizer uma palavra, ao passo que outros achavam que deviam dirigir seus alunos muito ativamente. Aliás, não fiz supervisão com Schlumberger, estive em análise com ele, e um dos grandes serviços que ele me prestou foi dar sua opinião favorável à Comissão de Ensino quando pedi minha admissão nas análises supervisionadas, porque, naquela época, o psicanalista dava sua opinião; hoje em dia, não a dá mais. Quando lhe fiz o pedido, ao final de um ano de análise, ele mal me disse: "Sim, claro, darei uma opinião favorável." Fui então aceito no controle, depois do que percebi que não tinha a menor idéia do que poderia fazer com um paciente no divã, e esperei um bom pedaço de tempo antes de começar. Assim, tendo-me parecido falaciosa e puramente formal a autorização burocrática que eu havia recebido, Schlumberger me deu a oportunidade de me autorizar por mim mesmo.

Marie Moscovici

Eu gostaria apenas de dizer uma palavra a propósito do que disse Conrad Stein. Não falamos exatamente da mesma coisa. Estou completamente de acordo com você sobre as burocracias, mas não tenho certeza de que alguma sociedade de análise que se faça não seja forçosamente levada a se transformar numa burocracia. Esse é um debate sempre em aberto, posso apenas falar nele, não tenho nada a destacar aí. Quero apenas dizer isto, que também vai no sentido do que disse Safouan: será que é preciso imaginar os analistas, os pacientes e os que ocupam funções administrativas nas sociedades de análise como pessoas submetidas ao aparelho burocrático, à aplicação de estatutos, quer dizer, como um povo de escravos, seja ele qual for? Isso me parece falso. Quando Safouan disse ou deu a entender que o analista só se autoriza por si mesmo também quando faz formação, acho que isso é verdade. Por exemplo, estatutariamente, eu poderia fazer isso, e, no momento, não estou fazendo, como você, embora não faça tanto tempo. Pratico, como você, supervisões não institucionais. Aliás, devo muito, a esse respeito, à posição, às escolhas que conheço de você. Mas a burocracia, em nosso campo, não constitui submissão: não vamos imaginar que devamos ser um povo de submissos. Não me sinto constrangida pela burocracia, e no entanto, ela existe em minha sociedade analítica. Se não nos acharmos submissos, nossos pacientes talvez tenham alguma chance de não sê-lo, e talvez a transmissão analítica também tenha alguma chance. Não é a burocracia que impede a transmissão analítica, é por haver uma crise de transmissão que a burocracia se instala. Pelo menos, é o que eu queria dizer. Mas talvez mais valha eu não passar meu tempo respondendo a você, e você a mim.

Irène Roublef

Como Maud, estive em supervisão já na Sociedade de Paris, com Nacht; aliás, estivemos lá juntas, se você se recorda. Nunca me senti encerrada numa instituição, mesmo quando era a Sociedade de Paris. Sempre me senti muito livre, numa supervisão, para falar sobre meu paciente, escutar o que dizia o supervisor. O que eu gostaria de acrescentar é que, naquela época, fazíamos controles coletivos. Tínhamos estado juntas nos controles coletivos com Nacht, que não nos permitia escrever ou ler o que os pacientes diziam; era preciso dizê-lo. Se nos separamos, Maud e eu, foi unicamente porque houve a cisão. Depois, fiz um controle coletivo com Lacan e com outros. Sempre me senti muito livre e nada institucionalizada no que quer que fosse. Dito isso, gostaria ainda de acrescentar que eu mesma, agora, também faço supervisões coletivas: estou fazendo uma num grupo com Audouard, que se chama "Reflexão sobre a clínica". O que me parece importante é que quando, numa supervisão coletiva, cada analista apresenta seu paciente e discutimos isso em grupo, acontece, depois, os pacientes desses analistas redizerem as coisas que foram ditas na supervisão. É como se houvesse qualquer coisa de misteriosa que se transmite no que se diz sobre os pacientes. Aliás, Maud indicou bem isso ao dizer que os pacientes sentiam quando seu analista tinha um supervisor.

Dito isso, gostaria de agradecer a Maud, pois o que ela disse é tão completo que, sinceramente, acho que não há mais nada a acrescentar. Não considero, de modo algum, que ela tenha dito o que quer que fosse contra alguma instituição, era realmente preciso falar das diferentes instituições. Foi muito interessante.

Marc Braunschweig

Na fórmula "o analista só se autoriza por si mesmo", a chave da história talvez esteja em que, no final da análise, ele mesmo é o analista em perspectiva. Agora, será que isso não é justamente garantir um meio de sair da relação supervisor-supervisionando?

Maud Mannoni

A referência a um terceiro é sempre uma coisa útil.

A fórmula "o analista só se autoriza por si mesmo" recorre à noção de ato analítico. Inclui a idéia de humildade ali onde o ato se apresenta à experiência.

No plano de uma técnica de condução da supervisão, há duas opções (lamento contradizer Marie Moscovici nesse aspecto). Numa, o supervisor sente-se responsável pelo paciente do candidato, e, na outra opção, o supervisor toma uma posição recuada, ao menos não se sente responsável pelo paciente do candidato-analista.

Um ouvinte

Gostaria apenas de trazer um pequeno testemunho que se situa em relação a minha experiência de controle. No momento, minha teoria do controle, o que isso me trouxe ou me fez trabalhar, foi a passagem da posição de terapeuta, de alguém que cuida, à posição de analista. É essa a maneira como vivo isso atualmente. Ou seja, que a psicanálise não pode tudo. Lamentei um pouco que não se tenha falado muito nisso hoje, num momento em que, justamente, temos uma certa tendência a achar que a psicanálise pode tudo.

Maud Mannoni

Realmente, é preciso guardar na memória a advertência de Freud de que convém abster-se de qualquer triunfalismo terapêutico. É quando queremos curar um paciente a qualquer preço que seu estado se agrava.

Um ouvinte

Já no final de sua exposição, a senhora levantou uma questão sobre a natureza da relação entre o analista e o supervisor. Isso me interessou muito, porque, fora do contexto institucional, essa relação já coloca bastante o problema da rivalidade, e o contexto institucional vem duplicar, multiplicar ao infinito essa situação de rivalidade, que, por sua vez, duplica outras. Alio-me, portanto, ao que a senhora disse sobre a história de cada um dos parceiros. Mas o que eu gostaria de dizer prende-se ao que talvez haja de mais difícil, à alteridade que buscamos, na qualidade de analistas novatos, quando vamos pedir uma supervisão. Primeiro, há todas as situações de prestígio, porque, quando vamos pedir um supervisor, procuramos alguém que sem dúvida já tenha prestígio, nome, etc., logo, freqüentemente nos colocamos como novatos em relação ao mais velho, e foi por isso que falei em situações de rivalidade. Mas pode haver, em minha opinião, dois extremos, e talvez nunca possamos sair disso totalmente, porque nossa busca oscila entre eles dois.

Um seria nos tornarmos idênticos ao modelo que o supervisor possa ter, pois haveria um excesso de benevolência por parte do supervisor, ou então um excesso de submissão ou de idealização por parte do analista, o que tornaria totalmente inoperante qualquer busca na supervisão. O outro extremo seria o próprio supervisor se colocar demais como modelo, pois, aí, talvez o que ele diga seja inassimilável, como um corpo estranho. Não sei se podemos fugir totalmente desses dois extremos, já que se trata de uma busca muito difícil, para ambas as partes, a ser feita o tempo todo, levando em conta esses dois perigos.

Maud Mannoni

O que me parece importante é que o supervisor não se torne o perseguidor do candidato-analista. Uma coisa é sensibilizar o candidato para o processo analítico, outra seria querer colocar sua própria fala no lugar da fala do candidato-analista.

Jacques Palacci

As questões que a senhora levantou em relação à supervisão me pareceram extremamente interessantes; acho, no entanto, um pouco lamentável que o debate tenha sido travado em campos da ordem política: a questão de saber, por exemplo, se é possível prescindir da instituição psicanalítica contamina amplamente a da supervisão. Esse problema, extremamente complexo, não pode ser objeto de um debate nesse contexto, e eu desejaria inclinar-me sobre a questão sumamente interessante que a senhora levantou, a do estilo da supervisão. Como mencionou minha colega precedente, diferentes fatores entram em jogo: as questões de personalidade e de estruturas de caráter, tanto do supervisor quanto do candidato-analista, são acompanhadas por riscos diferentes: de narcisismo, de rivalidade, de poderio, de mandarinato, de intromissão, etc.

A senhora chamou a atenção para uma questão fundamental: deve o supervisor preocupar-se principalmente com o paciente que lhe é apresentado, ou será que deve levar em conta o candidato em seu percurso analítico? Será que vai analisar o que acontece entre ele e o candidato? Vai levar em conta a relação triangular que se estabelece entre ele próprio, o candidato e o paciente, sem esquecer o papel do analista do candidato? (Ver as reflexões do Quarto Grupo sobre a Análise "Quarta".)

A senhora mencionou um ponto importante, o da clivagem transferencial em que com muita freqüência o candidato fica dividido entre seu próprio analista e o supervisor, que podem ter posições divergentes.

Creio que, quando se evocam os problemas da supervisão, é necessário deixar de lado os grandes problemas fundamentais, que não podem encontrar solução de imediato. Cabe-nos considerar a especificidade do trabalho do supervisor (o que a senhora fez muito bem), que consiste, antes de mais nada, em promover o processo analítico, ficando em segundo plano, e não em se intrometer num tratamento onde tenderia a substituir o analista que trata, o qual, por sua vez, correria o risco de se ver transformado numa marionete; o candidato ficaria, por conseguinte, numa posição alienada, onde se contentaria em transmitir as indicações do supervisor, para não entrar em competição com ele.

Num certo estilo de supervisão, o supervisor simplesmente encoraja as associações do candidato, como na análise, para que ele chegue por si mesmo a fazer uma idéia da dinâmica dos conflitos do paciente e a cristalizar suas diferentes percepções do analisando.

De outro lado coloca-se a questão da transmissão de um conhecimento: os problemas teóricos e técnicos e os da "aprendizagem", na verdade, são parte integrante da supervisão.

Madame Mannoni, a senhora mencionou a identificação! A identificação com o supervisor é inevitável e não deixa de suscitar dúvidas... Assim, o Sr. Stein, evocando o silêncio do Sr. Schlumberger em sua função de supervisor, afirmou que ele não se apresentava como um modelo identificatório. Mas será que o fato de ser silencioso não é um modelo, um modelo de silêncio?

Maud Mannoni

Agradeço muito ao Sr. Palacci. De fato, numa próxima jornada, poderíamos evocar as questões de aprendizagem, de habilidade, o problema do ensino da psicanálise, a relação com a teoria e a clínica. São excelentes sugestões.

Claude Kelner

Eu gostaria de dizer a Maud Mannoni que sua exposição teve uma profunda ressonância em mim. Preciso que isso evolua e preciso também refletir a respeito. Com referência às últimas jornadas de estudos do mês de novembro, gostaria de assinalar a Patrick Guyomard que, quando um mais velho fala, não há censura. O companheirismo também é isso!

Marie-Cécile Ortigues

Gostaria de fazer uma pergunta, é um pedido de informação. Fiz minha formação nos mesmos anos que Maud; como ela, recorri a muitos supervisores, seis ou sete, sem dúvida. Fiquei impressionada com a diversidade de suas maneiras de proceder. Devo dizer que, muitas vezes, foram os limites deles que me ensinaram, mais do que seus comentários. Quando eu mesma passei a dar supervisões, já se vão uns vinte anos, não compreendi porque não encontrei ninguém com quem falar sobre essas questões. Saí em busca de colegas, de grupos que trabalhassem sobre essa questão dos controles, que é muito diversificada, muito complexa. A informação que peço é: será que existiu, nos últimos vinte anos, um grupo de analistas com alguma experiência, que tenha trabalhado sobre as supervisões? Que eu saiba, não, e isso me parece muito surpreendente. Sei que existiu um grupo assim na Bélgica, em Gand, há uns sete ou oito anos.

Maud Mannoni

Um grupo de trabalho sobre as supervisões foi instalado em Buenos Aires, porém mais como uma orientação de ensino da supervisão. Houve, assim, os supervisores dos supervisores. Vimos os perigos disso.

Marie-Cécile Ortigues

Parece, então, que nenhum grupo desse tipo existiu na França. Só podemos ficar perplexos, observando a importância que as supervisões têm na formação — para todas as escolas e associações — e o fato de não se haver iniciado nenhum trabalho sobre esse assunto.

Danièle Brun

Parece-me que, nessa discussão a respeito das supervisões, não se colocou bastante ênfase no efeito de retorno, sobre o paciente, da relação que se instaura entre o psicanalista e seu supervisor. Isso me parece muito importante. Gostaria também de fazer duas perguntas, talvez subversivas:

1. Pode-se contemplar a idéia de uma sociedade de psicanalistas que funcione sem pedidos de supervisão?
2. É possível exercer a psicanálise sem nunca ter feito supervisão? Seria a situação inversa à dos colegas que disseram ter tido a experiência de uma série de supervisões, cinco ou seis, por exemplo.

Maud Mannoni

E porque não? Numa certa época, a análise era levada suficientemente longe para incluir as posições transferenciais/contratransferenciais do candidato-analista com seu paciente. Os pacientes também nos formam. O importante é a análise do sujeito.

Danièle Brun

Decididamente, minhas duas perguntas não passam de uma só: poderia uma sociedade de psicanalistas aceitar funcionar admitindo que alguns de seus membros não tivessem feito supervisão?

Maud Mannoni

Na Escola Freudiana, tínhamos como pontos de referência os supervisores do candidato. De fato, é menos nocivo pedir informações ao supervisor do que ao analista didata. No CFRP, exigimos um mínimo de duas supervisões, porque realmente há necessidade de critérios no plano da habilitação de um candidato. A diferença em relação às Instituições ligadas à Internacional é que o candidato-analista faz sua formação aqui (análise, supervisão) sem ter que se referir à Instituição. Num dado momento, pode se declarar analista praticante. Mas a habilitação ou "reconhecimento" pelo Centro só é feita num momento inteiramente diverso, depois de anos de prática e de participação nos trabalhos do Centro, conforme o candidato manifeste ou não sua capacitação.

4

Tornar-se Psicanalista: entre a Formação e o Modelo

FORMAÇÃO E INSTITUIÇÃO

"Enfatizo", escreveu Freud,[1] "a exigência de que ninguém deve praticar a análise sem ter adquirido o direito a isso por uma formação determinada. Que essa pessoa seja ou não um médico parece-me irrelevante."

Passado o tempo das primeiras descobertas, Freud, por insistência de seus discípulos, confiaria a formação dos analistas à Instituição analítica.[2] Depois da era do "companheirismo", o tempo da formação foi, a princípio, o que "os analistas em vias de converter-se em tal" se davam entre si: eles se expunham à crítica, entre os pares. O que constituía o "vínculo social" entre os primeiros analistas era um certo amor pela verdade. O efeito formador, Freud o esperava daquilo que, da exposição dos membros, tivesse ou não um "efeito de ensinamento". Isso foi sublinhado, por exemplo, por Sachs, quando de uma reunião do grupo em 18 de outubro de 1911.[3] Emitindo suas reservas a propósito de uma exposição feita por Tausk, ele lembrou que Freud atribuía extrema importância a dois pontos precisos:

1. despertar um sentimento de espanto frente às coisas que até então nos haviam parecido evidentes;
2. fazer sentir que todos os eventos psíquicos estão sujeitos a uma determinação rigorosa.

À época em que o futuro analista fazia seu caminho nos rastros de Freud, numa solidão bastante grande, veio então suceder-se um outro momento, o do grupo instituído (1906). No começo deste, os membros se expunham, sem que ninguém estivesse seguro de sua identidade de analista. Depois surgiu, com Tausk[4] (em 14 de janeiro de 1914), o pedido de que o grupo o reconhecesse como professor de psicanálise. De fato, Tausk pediu que "fossem declarados oficiais os cursos que ele havia organizado". Com o analisando dando assim lugar ao professor, surgiu o desejo de ser "reconhecido" pelos pares, donde a demanda de uma "garantia" institucional quanto à qualidade do ensino dispensado: a preocupação com a ortodoxia, a partir daí, suplantaria imperceptivelmente o desejo de invenção. Esse selo solicitado à Instituição seria vulgarizado em 1920, quando da criação do Instituto de Berlim. A formação dos analistas, concebida como tripartida (análise didática, supervisão e ensino), recebeu, a partir dessa data, uma consagração oficial. De maneira um tanto paradoxal, essa regulamentação da formação e do ensino da psicanálise inauguraria — ou reforçaria — o que, nos dias atuais, chamaríamos de um "fechamento do inconsciente". Às interrogações e à busca sucedeu-se uma era de militantismo pedagógico onde o que se transmitia era uma saber constituído.

De início, portanto, a reunião das quartas-feiras fora pretendida por Freud como um recurso a um lugar terceiro,[5] um lugar onde o analista elaborasse um pensamento através do erro, um espaço analítico onde aquele que falava na presença dos colegas o fazia desde o lugar do analisando. Mas esse campo de elaboração se tornaria, em seguida, um lugar de rivalidades onde o que se buscava era o discurso conforme, enquanto a invenção adormecia. A uma verdade que era buscada veio assim substituir-se, pouco a pouco, uma verdade revelada. Freud propunha aos que o seguiam *pensar em comum* e adotava, nas sessões científicas, a mesma regra de "livre associação de idéias" exigida do paciente no tratamento. Ao mesmo tempo, o ensino da psicanálise (ou seja, do inconsciente) parecia-lhe marcado pela dimensão do impossível. "Sendo a psicanálise", disse ele, "a última coisa para a qual o homem é feito",[6] qualquer tentativa de apresentá-la de maneira pedagógica merecia, no entanto, segundo ele, reconhecimento. Indulgente perante os discípulos que concordavam em se expor, Freud tinha, de fato, como preocupação principal, não assujeitar a análise nem à medicina nem à religião. Por outro lado, era exigente quanto aos conhecimentos requeridos do candidato (o saber médico foi relativizado no tocante aos outros saberes: mitologia, literatura, etc.). Quanto ao encargo da formação e da seleção de candidatos, porém, ele o remeteria depois a uma organização institucional, aprovando a idéia de uma seleção colegial.

A INSTITUIÇÃO É UM MAL NECESSÁRIO

A Instituição é um mal necessário. Mas Freud não se ocupou de seu estabelecimento administrativo: antes, deixou que seus colegas agissem, intervindo somente nos momentos cruciais, quando se tratava de defender (às vezes contra Jones) o que estava em jogo na psicanálise. Ele estava perfeitamente cônscio de que a resistência à análise podia revestir-se de todas as formas, inclusive em seu ensino, e existir também no próprio seio da organização instaurada para assegurar a formação e a qualificação do psicanalista.

Freud defendeu (por intermédio da análise leiga) uma análise não assujeitada a outro pensar que não o analítico. A relação do saber analítico com as outras ciências, no entanto, continuou a ser uma de suas preocupações essenciais. Foi aí, efetivamente, que ele situou a questão da *qualificação* do analista, fazendo-a surgir de um outro campo, de outros saberes. Insistiu, além disso, no fato de que, no tocante à *competência*, o analista tinha que prová-la continuamente com cada novo paciente, na medida mesma em que era do paciente que ele extraía sua legitimidade. Nem por isso Freud recusou os diplomas, a formação e a seleção, mas teve o cuidado de não fazer da análise a "especialidade" de uma ciência: rompeu, sem dúvida, com o saber estabelecido, mas tencionou velar para que a análise não fosse entregue aos analistas "selvagens", fossem eles médicos ou não-médicos. A posição de Freud sublinhou, portanto, o aspecto "paradoxal" do problema colocado no plano da "formação" e, com isso, deu a entender a parcela de "impossível" presente na função de analista (uma vez que é no analista, em primeiro lugar, que vamos encontrar a resistência à análise...). Como observou Michel Schneider,[7] "o analista deve resignar-se a não possuir senão uma identidade não-verificável, o que não quer dizer uma competência inqualificável".

Ao confiar a formação dos analistas às Instituições analíticas, Freud procurou proteger a essência de uma doutrina de qualquer desviacionismo. Atento a "entesourar" sua descoberta, não interrogou suficientemente, portanto, a força alienadora das Instituições, sua possibilidade de *enriquecer ou empobrecer o ser humano.*[8] Bleger, 50 anos depois, mostrou que a "adaptação", de fato, é muitas vezes paga com o preço da submissão a uma estereotipia institucional, tendendo toda instituição a prender seus membros com base numa identidade de pensamento e de conduta. Quanto mais homogêneo é um grupo, mais cômoda é a tarefa dos dirigentes, e, quanto mais o ideal grupal se conforma à instituição familiar, mais encontramos em ação as identificações projetivas, uma não-diferenciação dos membros entre si. Assim, existe uma forma de estabilidade institucional que gera a monotonia e tem como efeito o empobrecimento das relações interpessoais. Contudo, mobilizar a organização de uma Instituição é também despertar as angústias (psicóticas) que nela estão controladas. Não causa espanto, por conseguinte, que os próprios membros de uma Instituição oponham resistência a qualquer mudança. O que o usuário realmente demanda da Instituição é que ela venha reforçar suas resistências (à mudança, à cura,... à análise).

A PSICANÁLISE SERÁ UMA OBRA INSTITUCIONAL

Depois de haver denunciado os efeitos de esterilização da Instituição analítica, no entanto, foi a uma Instituição em devir que Lacan, depois de Freud, confiou, ele também, a formação dos analistas. A reforma no nível da formação analítica há de ser, escreveu Lacan,[9] uma "obra institucional

(...) e só se manterá com um ensino verdadeiro (...) que não pare de se submeter ao que chamamos inovação. É que o pacto que institui a experiência deve levar em conta o fato de que ela instaura os próprios efeitos que a capturam para afastá-la do sujeito".

Retornando aos três desafios impossíveis de sustentar, segundo Freud — educar, governar e psicanalisar —, Lacan sublinhou que a dimensão do impossível, nos três casos, prende-se a que "o sujeito, aí, só pode ser faltoso, por se escoar na margem que Freud reserva à verdade".

Com efeito, uma tradição (transmissão) geralmente só é retomada pelo sujeito sob a condição de não se colocar certas questões. Daí o perigo de que a obra transmitida se torne objeto de uma sacralização, ou mesmo de uma fetichização. Inversamente, "revisitar" uma obra de maneira não convencional é tão mal suportado pelo grupo que o indivíduo que se arrisca a fazê-lo pode ser levado, por vezes, a viver na solidão uma verdadeira crise, de ares psicóticos. Como se defender algo de novo só fosse possível, em última instância, quando se extrai isso de uma "revelação divina".[10] Trata-se, de fato, como que de uma provação espiritual, durante a qual algo da ordem de uma violência feita a si mesmo deve ser vivido, ou uma rejeição tem de ser suportada, para depois ser ultrapassada.

A EXPERIÊNCIA DO INCONSCIENTE

O discurso analítico (experiência do inconsciente) constitui, de certa maneira, o "sintoma" daquilo que não funciona no mundo. É justamente por questionar qualquer dominação, não sem provocar algum gozo, que esse discurso constata, ao mesmo tempo, ser antinômico a qualquer organização institucional, já que a verdade da Instituição é o inverso de qualquer liberdade de questionamento. O questionamento "por irrupção", por outro lado, só é possível de sustentar quando o sujeito encontra um "acompanhante" em seu encaminhamento. Por isso, o "coletivo" formado pelos primeiros psicanalistas em torno de questões abertas por Freud decerto também teve como função proteger o ato de criação de cada um contra o que, caso contrário, corria o risco de ser situado como o "delírio" de um só. A "conquista" de um saber, a passagem de uma cultura para outra, de fato, não se dá sem obedecer a leis (como tão admiravelmente o esclareceu Jean Hébrard[11]).

A vocação da Instituição (para colocar o problema de maneira um tanto caricatural) seria conter o que perturba, acolher a novidade, nos limites do suportável, assim protegendo cada indivíduo de seu próprio "delírio", oferecendo uma "garantia", isto é, um continente para a angústia. Mas é também em relação a esses cerceamentos, a essa "coleira", que o indivíduo "arranca" sua liberdade de pensar, continuando o perigo a ser, com certeza, para a maioria, o da esclerose. Na verdade, toda Instituição baseia sua "duração" numa forma de conservadorismo e rigidez. No entanto, a dialética entre o indivíduo e a Instituição deve continuar possível, mas isso pressupõe, de um lado, que o indivíduo não entre em simbiose com a Instituição, assim perdendo toda a identidade própria, e, de outro lado, que a Instituição aceite tomar uma certa "fragmentação" a seu encargo, aceitando que seus membros a abandonem, sem no entanto fazer pesar sobre eles o anátema (com seus efeitos de morte e de doença) em caso de partida. Existe, pois, uma ética institucional da qual os analistas não falam. Mas Anna Freud lembrou, em diversas ocasiões, os malefícios do peso institucional punitivo, particularmente quando nada mais constitui um "vínculo social" entre os analistas, seja no nível das convicções compartilhadas, seja no das teorias ou no da paixão por uma busca.

Para que uma comunidade analítica permaneça viva e mantenha um espaço para a invenção, é essencial que ela não se fundamente unicamente nas estruturas de ensino, nas relações "professor-aluno". Ora, como vimos, no grupo fundado pelo próprio Freud, chegou um momento em que as relações de ensino foram preferidas às relações entre pares. Algo de uma abertura para o inconsciente corre, assim, o risco de se perder nessa passagem a uma "mestria". Daí a importância, para aquele que ensina, de continuar a freqüentar as reuniões científicas entre pares, reuniões onde é de um lugar de analisando que ele se faz ouvir pelos colegas. O espaço inaugurado por Freud em 1906 é, nesse sentido, um espaço onde *colocar em comum a experiência do inconsciente.*

A EXPERIÊNCIA ANALÍTICA

Como fazer para que o âmago do inconsciente não se perca, tanto na passagem de analisando a analista quanto, também, ao longo de toda a vida de analista? O ensino da psicanálise pede para se sustentar numa exigência ética onde o dito do analista é arrancado de uma posição de analisando. Essa questão, na verdade, foi mais a de Lacan que a de Freud. Este último estava consciente de uma dimensão "irredutível" na neurose e, por isso, não esperava grande coisa dos analistas, dos quais, dizia, "a análise estraga o caráter", e nem da instituição, que, antes de mais nada, estava encarregada de "conservar" uma doutrina. Mas será que a "herança" doutrinária tem que se limitar à pedra angular da teoria analítica [12] — inconsciente, resistência, recalcamento, sexualidade e Édipo? Deve ela se reduzir a uma "habilidade" no plano da orientação de um tratamento? Ou será que deve zelar por preservar, de maneira permanente, os caminhos da invenção (segundo, aliás, o desejo expresso pelo próprio Freud em 1926: *que se impeça a terapêutica de matar a ciência* [13])?

O reino da psicanálise, Freud o considerava seu domínio reservado. Sua doutrina foi rebaixada, posteriormente, à categoria de pura *informação* a ser dispensada às gerações futuras. Os analistas esqueceram que *a função da linguagem, nela, não é informar, mas evocar.* [14] É aí, no entanto, que devemos encontrar a chave para manter vivos, ao mesmo tempo, o texto de Freud e a experiência analítica, na medida em que é diferente de um analista para outro — opinião que um Glover poderia subscrever, já que ele considerava a imaginação como *o mais econômico de todos os instrumentos de busca,*[15] e convidava o analista a ler autorizando-se a se tornar criador do texto lido (texto que continha uma verdade parcial, mas não toda a verdade). A partir do momento em que um texto não mais autoriza uma interpelação do inconsciente, o que de fato se instalam são rituais, em vez e em lugar da dúvida. Não nos interrogamos suficientemente sobre as razões por que a emoção desapareceu dos trabalhos pós-freudianos, já não dando margem senão a uma metafísica abstrata cujos efeitos se revelaram esterilizantes para as novas gerações.

À habilidade (no plano da orientação de um tratamento) Lacan, por sua vez, opôs uma interrogação concernente ao ser, mas rompendo com toda uma tradição de pensamento. É justamente o que não causa problema (no nível da transmissão) que, para Lacan, deve ser interrogado. É aí que deve advir a dimensão do *real* (real apagado quando o que domina é a preocupação com a harmonia). Lacan esperou do analista em devir que ele pudesse trazer o testemunho daquilo em que se fundamentara para ele, a partir de uma posição depressiva, a experiência do real.[16] A posição depressiva (ou a experiência de satisfação), no entanto, é raro o analisando poder realmente autenticá-la. De fato, com muita freqüência, a etapa depressiva fica, numa trajetória analítica, como a lembrança de uma etapa vazia (ou horrível) : saímos dela, mas o que ali se deu, num vazio, permanece para sempre no recalcamento. Todavia, foi por essa transposição que Lacan esperou poder ser ensinado pelo próprio psicanalisando (e não pelo analista do candidato). Ele sonhou com uma comunidade analítica fundamentada na possibilidade conferida ao analista em devir de produzir um testemunho que tivesse efeito de ensinamento. Quis romper com uma tradição em que somente o analista era levado a testemunhar sobre a aventura vivida com o paciente. Mas, se o projeto lacaniano fracassou, a despeito de sua originalidade inequívoca, foi por ter permanecido demasiadamente atado à instituição analítica, sendo esta colocada na posição de sancionar administrativamente, por um grau, o *tornar-se psicanalista.* Pois bem, existe na singularidade de um encontro um efeito de risco que, para preservar seu caráter de autenticidade, não pode senão escapar a uma codificação qualificativa. Além disso, o *tornar-se psicanalista* só pode, administrativamente falando, inscrever-se sob o controle personalizado do grupo de pares. Mas o que se tenta avaliar a partir daí, no contexto de uma filiação, de uma inscrição numa linhagem, continua, apesar de tudo, mais próximo da avaliação de uma ortodoxia freudiana do que da verdade do trabalho analítico realizado pelo candidato. Os critérios do administrativo e do analítico não são da mesma ordem. Há aí, portanto, um paradoxo que merece ser sublinhado, tanto que foi justamente a distância que separa esses dois critérios que Lacan, num dado momento, quis interrogar.

A instituição, já vimos, pode se perverter, o que nem por isso justifica sua supressão, mas interroga o que se poderia estabelecer *para proteger a psicanálise dos próprios analistas.*[17] Essa instauração não pode decorrer de uma organização administrativa pura, devendo, antes, sustentar-se num discurso. Toda a questão, na verdade, está em saber como fazer para que, no correr dos anos, o discurso analítico não se torne, pelos efeitos de distorção, uma língua morta. O que fundamenta um discurso, quando se trata de psicanálise, é a relação que ele mantém com o "trabalho" do inconsciente. Mas, se o discurso que diz o inconsciente tem efeitos de verdade, nem por isso ele pretende anunciar uma verdade total. Vem, ao contrário, inscrever-se como uma denúncia em relação a qualquer ideal de domínio, e introduz uma falha em toda construção douta. "Por mais surpreendente que isso possa parecer, eu diria que a psicanálise, ou seja, isso que um procedimento abre como campo à experiência, é a realidade", enunciou Lacan,[18] que em seguida mostrou como a realidade do afastamento freudiano constitui uma "barreira ao saber, tal como o prazer defende o acesso ao gozo". Se o analista não pode pretender ser a medida da realidade, sua relação com o saber é, por assim dizer, igualmente insustentável. Algo do saber que ele detém é a tal ponto difícil de carregar que ele vem, portanto, associar-se a outros analistas, cujo traço comum é serem "os sábios de um saber com o qual não podem se manter". No próprio cerne desse saber, de fato, alguma coisa se furta ao intercâmbio e não pode deixar de nos remeter à realidade de uma vivência durante a primeira infância, onde toda descoberta sexual precoce vê-se depois submetida ao recalcamento.[19] É então que a criança elabora suas próprias teorias sexuais. Mas a teoria analítica preserva sempre, ela própria, um certo parentesco com a teoria sexual das crianças. À qual se juntam a necessidade de imponência e a preocupação com o domínio, defeitos que nem sempre estão ausentes do analista...

A teoria deve surgir da própria experiência. Foi aí, aliás, que o verdadeiro "gênio" de Lacan esteve em ação, por exemplo, no "trabalho" realizado, em seus primórdios, a propósito das Irmãs Papin,* ou no que ele fez surgir em suas divagações com Dali, pelo lado do *conhecimento paranóico*. As elaborações teóricas vieram muito mais tarde. No início, Lacan deixou-se ensinar por seus pacientes, aceitando deixar-se surpreender no campo do saber recebido. "O fruto positivo da revelação da ignorância", indicou-nos ele, "é o não-saber, que não é uma negação do saber, mas sua forma mais elaborada. A formação do candidato não pode se concluir sem a ação do mestre ou dos mestres que o formam nesse não-saber, sem o que ele nunca será mais do que um robô de analista."[20] Assim, Lacan fez entender que a psicanálise se situa num contexto cultural e científico a ser incessantemente reinterrogado, mas nem por isso deixou de lembrar, por outro lado (à semelhança de Freud), que o analista deve também deixar-se interrogar pelos romancistas...

A CRIATIVIDADE

Onde, na história da psicanálise, chegou-se a propor *modelos* aos jovens analistas em devir, perdeu-se de vista, paradoxalmente, a *formação*, esquecendo assim a importância

* Christine e Léa Papin, empregadas que se notabilizaram na França, em 1933, pelo assassinato brutal da patroa e da filha desta. Lacan comentou o crime num texto publicado em *Le Minotaure*. (N.T.)

atribuída por Freud à dialética e à crítica (de si mesmo, com vistas a uma auto-superação). De fato, é através do erro que o paciente progride, é através do engodo que ele acede a uma verdade de sua história, uma verdade recalcada, rejeitada, não integrada, até que, na análise, opere-se um desvelamento, e que, além da simples "vivência" do sujeito, o tempo próprio da duração da repetição permita a instauração de uma dimensão simbólica transcendente à relação imaginária em que, com muita freqüência ainda, encerra-se a análise da transferência e da resistência.

Winnicott, por sua vez, estimou que a análise lucraria em aprofundar o que está em ação na pulsão criadora. Há, de fato, diz ele,[21] um elo entre a vida criativa e o fato de viver. Ele mostrou como a criação está ligada à perda de um sentimento de onipotência, mas exige, para se manter, um ambiente passível de acolher o desamparo e a "loucura". É realmente a partir daí que a *criação do objeto* e os "achados" se tornam possíveis. A maneira como Winnicott enfatiza as realizações a serem consumadas no nível do ser (precedendo o "fazer") não deixa de evocar, embora ele não o diga explicitamente, as dificuldades do trajeto percorrido pelo analisando na solidão da análise. Também ali, para que a criação surja e possa ser mantida, o jovem analista precisa de um *continente* (*o grupo*) para recebê-la (receber a criação e sua parcela de "loucura"), ou seja, um *contexto* que favoreça a criação e não sirva para impedi-la. Lembremos que Winnicott, aliás, só foi realmente "reconhecido" pelos seus (a Sociedade Britânica de Psicanálise) no final da carreira. Durante mais de vinte anos, os trabalhos desse analista prestigioso (mas independente e não subordinado a Melanie Klein) só foram conhecidos por um círculo restrito de iniciados. Esse foi o preço pago para lhe permitir conquistar sua liberdade, preservar sua independência e manter intactas suas possibilidades criativas. Num artigo dedicado à *capacidade de estar só*,[22] Winnicott insistiu no fato de que na base da capacidade de estar só encontramos a experiência de estar só na presença de alguém (assemelhado à mãe). Da mesma forma, não podemos apagar a dimensão da transferência (amor/ódio) no que impele um analista a escrever. Sua obra dirige-se a alguém, ainda que só exista um para lê-la... A parcela de inconsciente que "trabalha" a leitura de um trajeto implica, certamente, o luto de uma presença, mas isso não quer dizer que o Outro não esteja implicado. A escrita, nisso, é um ato de criação de uma fala a ser reencontrada.

Se os efeitos de identificação imaginária nos grupos, evidenciados por Freud,[23] fundamentam a harmonia do grupo, isso sempre se dá à custa do que poderia ser articulado no nível de uma comunicação dos indivíduos entre si. De fato, é a hostilidade constitutiva de toda comunicação que gera efeitos de esterilidade e de "terror conformista".[24] Winnicott, por sua vez, arrancou sua independência opondo-se ao pensamento dominante dos pequenos grupos, sem, no entanto, jamais excluir-se da vida do grupo.

EXERCER A PSICANÁLISE

Seria da ordem da utopia a questão de uma comunidade analítica passível de acolher a criação, a invenção e a novidade? O que parece utópico é sonhar com um grupo sem tensões, desconhecendo, com isso, o que está em ação em todos os grupos: a pulsão de destruição, o ódio, a ambivalência e a rivalidade. A questão, portanto, é saber como uma associação de analistas pode conseguir precaver-se contra os "efeitos de grupo" que esterilizam o trabalho. Um analista, como o sublinha André Green,[25] não pode manter sua identidade no isolamento. É-lhe necessária uma comunidade de pares que lhe dê a possibilidade de se expor, uma comunidade em que o confronto das idéias seja possível, e não "mortal" em seus efeitos. Mas também uma comunidade que se baseie num discurso aberto para alguma paixão... uma paixão talvez incômoda de viver, mas inerente ao desejo de criar.

A mensagem de Freud foi "conservada" durante meio século, mas a *verdade* de uma fala caiu no recalcamento, a ponto de os membros dos diversos grupos analíticos terem chegado a desenvolver entre si um discurso de surdos.[26] Essa constatação, feita por Lacan em 1957, preservava ainda toda a sua atualidade em 1984, já que, durante um debate, Marie Moscovici sublinhou que seu grupo (a Associação Psicanalítica da França) estava confrontado, não com uma doutrina (e com seus efeitos de esclerose), mas com uma falta de doutrina[27] (ou seja, com o risco de um vazio conceitual). Que Lacan tenha colocado o retorno a Freud sob o signo de um estilo[28] é, ao que me parece, algo que descortina o caminho a ser seguido ainda hoje, embora convenha denunciar o fato de que esse "estilo" evocado por Lacan foi rebaixado, pelos menos valiosos de seus alunos, a uma pura transferência mimética, que constitui uma defesa do inconsciente contra qualquer modificação do ser. Nesse caso, transformamo-nos "magicamente" em Lacan, escapando à angústia pela busca de proteção numa carapaça de onipotência. Lacan, ao dissolver sua Escola, tentou lutar contra esse mimetismo, que está, como sabemos, no próprio fundamento da impostura. Não se pode dizer, no entanto, que ele tenha poupado seus alunos dos efeitos de impostura após sua morte. É verdade que, para que um impostor seja desmascarado, como lembra E. Gaddini,[29] há que haver o tempo necessário para que se revele a distância existente entre o artifício do papel desempenhado no seio de situações miméticas e a realidade: o que o impostor finge ser revela-se, então, inexistente, e o engodo é desmascarado. Mas não é pelo fato de alguns lacanianos terem confundido *formação* (do inconsciente) com *modelo* (mimetismo conducente à impostura) que devemos, portanto, procurar "livrar-nos" de Lacan — como alguns sonham livrar-se do inconsciente...

A PSICANÁLISE HOJE

Os desenvolvimentos e modificações teóricos, na história da psicanálise, nunca deixaram de ter efeitos nas Instituições psicanalíticas, que, na impossibilidade de se transformarem, conheceram uma explosão de cisões, particularmente na França, onde a vocação dos analistas era mais teorizadora do que clínica. Cada cisão, todavia, contribuiu para reforçar um conformismo.[30] Uma associação de psicanalistas, encarregada da formação de candidatos, vê-se forçosamente confrontada com o problema da transmissão de um saber e, por conseguinte, se ele não se deixa atravessar pela clínica, essa transmissão corre o risco de se converter no apanágio de uma sociedade douta.[31] A clivagem denunciada por Anna Freud, já em 1969,[32] acentuou-se desde então. Assim, há clínicos que fazem um excelente trabalho, mas são incapazes de prestar contas dele, e há, por outro lado, teóricos conhecidos, mas que não articulam suas construções com um trabalho clínico. Essa divisão, que tem como efeito a esterilidade das duas orientações, tornou-se, no fim das contas, responsável pelo desinteresse dos jovens pela psicanálise. O paciente, com efeito, viu-se esvaziado por um certo discurso psicanalítico. O entusiasmo pelas novas terapias está ligado, assim, ao desinteresse dos analistas experientes por uma nova clientela de pacientes, menos conformada aos esquemas clássicos da neurose, pacientes que estão mais próximos de uma crise de adolescência interminável, mais vulneráveis no plano de uma fragilidade narcísica (*borderlines* [fronteiriços]). Com o tempo, portanto, as associações de psicanálise perderam de vista a posição de Freud perante o ensino,[33] a saber, que o analista deve, primeiro, aprender com a *experiência negativa*. Aprender a falar do trabalho feito com um paciente é chegar a situar de que maneira o analista está pessoalmente implicado no tratamento. Aprender com o fracasso é, pois, uma necessidade, porque é aí, como indica Freud, que podemos aprofundar o que se opõe à cura. Existem, de fato, formas de satisfação no sofrimento que desafiam o analista a ter êxito.[34]

Há qualquer coisa de paradoxal no fato de nos situarmos hoje num *depois de Freud, depois de Lacan,* ao mesmo tempo em que precisamos mais do que nunca retornar às origens. Dizer que não estamos mais na época em que se impõe a necessidade de restaurar a obra de Freud contra as sensaborias da psicanálise parece-me, de fato, uma posição bastante otimista, diante da situação de vazio conceitual que hoje encontramos com tanta freqüência junto à nova geração de analistas (ou de analistas em formação). Se é verdade que o *retorno* (a Freud ou a Lacan) constitui mais uma *passagem* do que uma história, nem por isso a história deve ser morta para que a *tradução* do texto que lemos continue viva (no sentido de um modo de lembrança [35]) e escape do recalcamento. Existem desafios, no tocante à psicanálise, a que um determinado grupo de analistas certamente será mais sensível do que outro. Ainda assim, é preciso que o grupo saiba, na prática, fazer passar para a organização essa sensibilização necessária de seus membros para as questões cruciais da psicanálise e abrir o espaço de debates aos analistas de outros grupos, para escapar da "mumificação" do discurso que se produz, a partir do momento em que este último é mantido prisioneiro no seio de um "entre si".

ESTATUTO

A questão do estatuto do psicanalista foi colocada na França na época da "explosão do freudismo" (1946-1950). Depois de 1953, em razão da importância assumida pelo movimento lacaniano, não se tratou mais disso. Na época de Lacan, lembra E. Roudinesco, "nós nos formávamos menos numa profissão do que numa paixão, e mais numa identidade do que num estatuto".[36]

Se a questão do estatuto é recolocada hoje em dia, após a morte de Lacan, isso se deve a termos entrado numa era de *psicanálise generalizada,*[37] acompanhada pelo desenvolvimento "selvagem" de inúmeras práticas psicoterápicas inspiradas na psicanálise, mas radicalmente distintas dela. O público, dizem-nos, tem dificuldade em fazer a diferença. Isso está longe de ser evidente e nada prova que o público estaria mais bem protegido no dia em que houvesse um estatuto profissional do analista. O estatuto "a-estatutário" do analista, hoje em dia, na França, é o de médico ou psicólogo. Mas a maioria dos analistas pertencentes aos principais grupos analíticos vem para a análise após uma longa formação universitária anterior (medicina, psicologia, ciências humanas, filosofia, ciências, literatura). A psicanálise introduz uma ruptura em seu sistema de pensamento e assume, a partir daí, um *valor de risco e de referencial diverso.*[38] Mas nenhuma "autorização" para exercer a análise garante, como já indicava Freud, que estejamos lidando com um "bom" analista. Freud calculava, de fato, que era preciso ir além da "competência social" que qualifica alguém como analista. Quem se torna analista não pode economizar uma transformação contínua de si, isto é, uma abertura para o inconsciente (o que implica que ele tem que dar continuamente um testemunho de seu trabalho). Dito de outra maneira, cada novo paciente coloca o analista em condições de testemunhar sua abertura (ou fechamento) para o inconsciente. Assim, Freud desconfiava também do perigo de esoterismo que espreitava a psicanálise. Mas a contradição em que Freud sempre se encontrou foi entre a *competência* — a competência analítica existe — e a *qualificação* — que ele fez surgir de um outro campo, de outros saberes.

O consenso a que se chegou na maioria dos países foi o de que não cabe ao Estado regulamentar a análise. Continua a ser preciso que as associações tomem nas mãos, elas mesmas, a questão da formação e da habilitação. "O interesse do paciente", dizia a Sociedade Húngara, "e o da teoria não podem ser protegidos por um diploma médico, mas unicamente por analistas bem selecionados, corretamente formados e, acima de tudo, analistas analisados." Isso nos leva a enfatizar não apenas a importância da chamada análise didática (e das supervisões), mas ainda a obrigação que a Instituição tem de zelar por abrir caminhos "pós-analíticos" para seus membros, para ajudá-los a permanecer "expostos" ao inconsciente.

A psicanálise não estaria melhor se os analistas só tivessem que se "reproduzir" em conformidade com um modelo institucional, cujo único objetivo visasse à "reprodução de analistas" para durar.[39] Quanto à experiência alemã de "reembolso dos atos analíticos pela Previdência Social", ela tem como efeito fazer a análise pender para o lado da higiene mental e da psiquiatria. O "convênio" dos analistas com a Previdência Social também teve como efeito um aumento das técnicas de grupo. Os analistas passaram a não mais funcionar senão com base no modelo médico de "atos" a serem multiplicados, a se preocupar apenas com a terapia e com a "rentabilidade" financeira: a busca, por sua vez, desapareceu.[40] É justamente para que o "terapêutico não venha a matar a ciência" (Freud), portanto, que nos convém resistir à facilidade (e ao conforto financeiro) que o estatuto de psicanalista asseguraria.

A psicanálise é a-social; a partir daí, o problema que se coloca não é tanto o de formar quanto o de desfazer. O impressionante é a maneira como a psicanálise foi recuperada pelos próprios analistas, a partir do momento em que eles se colocaram como especialistas. A psicanálise, para continuar atuante, parece ter que viver remando contra a correnteza. A partir do momento em que deixa uma posição de marginalidade, ela passa a alimentar as ciências anexas, ao preço de perder sua própria dimensão de verdade. Isso não deixa, então, de desvirtuar uma prática, que corre o risco de se descobrir pervertida ou esterilizada.

5

Aprendendo com o Paciente

Ao longo de todo este livro vimos interrogando o que produz a passagem de analisando a analista e, assim, abordamos sucessivamente a questão da análise didática e, em seguida, a da formação, antes de tentarmos delimitar de que era feito o "trabalho" do analista. É a este último ponto que vamos voltar agora, examinando o que, do analista, é elaborado com o paciente. De que se alimenta a interpretação? Essa é a pergunta que permanece, de fato, em aberto.

APRENDENDO COM O PACIENTE

Aprendendo com o Paciente é o título de uma obra[1] escrita por Patrick Casement, um jovem analista preocupado, à semelhança de Winnicott, em aprender primeiramente com seus erros. No início de sua prática, ele dispunha apenas, como referenciais exclusivos, daqueles que havia adquirido através da experiência de uma análise pessoal, à qual se somava um corpo teórico adquirido ao longo de leituras e seminários inscritos no contexto de sua formação na Sociedade Britânica de Psicanálise. O autor optou então por conduzir, paralelamente às supervisões clássicas, um trabalho pessoal de aprofundamento analítico, que denominou de *internal supervision* [supervisão interna]. Trata-se da reinterrogação cotidiana das sessões de análise feitas por ele com um certo tipo de pacientes com problemas. É um procedimento que, nesse aspecto, não deixa de lembrar o de Freud em seus primórdios.

Dois aspectos se destacaram de imediato:

1) O autor observou que sua inexperiência, no início de sua prática, levou-o a se agarrar a um corpo teórico como se fosse uma "bóia de salvamento", para evitar deixar-se invadir pela patologia do paciente. Mas, como salvar o analista sem que o paciente morra por isso? Tal foi a questão que se colocou a partir daí. Essa indagação, de fato, é uma das que o iniciante não pode ocultar, pois, se a teoria oferece referenciais, ela funciona também como defesa contra o dito do paciente quando esse dito toca no "ponto cego" do analista. O efeito, como sabemos, traduz-se na surdez deste último.

2) Uma segunda zona de sombra evocada a seguir pelo autor prende-se à *necessidade de parecer competente*. Segundo ele, o efeito disso é a compulsão a interpretar, por parte do analista. E ele lembra, não sem um certo humor, os esforços "didáticos" exibidos por alguns colegas que não hesitam em afirmar: "Mostrei isto ou aquilo ao paciente..." Acaso a teoria, pergunta-se o autor, teria se tornado tão segura a ponto de poder suplantar o movimento de uma descoberta com o paciente, ou de roubar deste a alegria de produzir ele mesmo uma interpretação criadora? E, a rigor, acaso a arte do analista não se situaria mais do lado de um semidito que deixasse ao paciente a tarefa de responder aos limites de compreensão de seu analista?

A observação feita por Bion a um de seus supervisionandos — "Não vou poder ajudá-lo em sua sessão de amanhã. Só o paciente poderá..." — parece, realmente, ter sido retomada por Patrick Casement à sua maneira, quando ele propõe ao analista ater-se a uma atitude "expectante", ou quando considera que não se trata tanto de informar o paciente, mas antes de saber esperar pelo momento eletivo em que a interpretação pode ter um *valor de progresso*[2] e exercer, assim, uma *função de mutação*. Esse momento, de fato, sobrevém na análise quando o que está prestes a advir no imaginário do paciente já está em jogo no que é falado com o analista, quando o desejo do sujeito torna presente esse algo de inexprimível que compete ao analista poder nomear, com isso autorizando o paciente a aceder a uma verdade.

DUAS TENDÊNCIAS ANTINÔMICAS

Esse livro se beneficia de uma leitura, em contraponto, do que foi publicado por Robert S. Wallerstein,[3] o que permite compreender melhor a presença de duas tendências antinômicas no seio das Instituições Internacionais de Psicanálise. Constatamos então que, ao lado de uma concepção autoritária da formação, herdada do Instituto de Berlim (1920-1930), existe uma forma de trabalho menos dogmática, muito próxima, às vezes, das posições desenvolvidas por Lacan durante os anos 50. Assim, há um contraste entre uma orientação em que se deixa ao paciente *o tempo do prazer da descoberta* e uma outra em que o analista (ou o supervisor) pretende ocupar sozinho a posição do "descobridor-desbravador". Essa oscilação, aliás, não deixa de nos remeter à ambivalência de Freud perante suas próprias descobertas, conforme ele insinua:

— Fui eu que inventei a teoria analítica;
— Foi o outro (o paciente, o escritor, o discípulo) que produziu minhas descobertas.[4]

Conhecemos as brigas pela prioridade que pontilharam o percurso de Freud e toldaram ou complicaram suas relações com seus discípulos. Assim, as descobertas teóricas foram sempre feitas com ou contra um outro, e até mesmo se inscreveram num espaço transferencial em que funcionaram alternadamente a questão da dívida paterna e a angústia da influência materna,[5] bem como o medo de que, no curso da elaboração de um pensamento comum, um dos dois sujeitos viesse a desaparecer. Assim, pudemos ver em ação um trabalho de denegação que incidia (como aconteceu com relação a Tausk) sobre a obra e a pessoa do outro.

Esse "trabalho" da transferência (e da resistência do analista) se alimenta de mecanismos de projeção e introjeção que, aliás, nunca estão ausentes durante a elaboração de um pensamento (quer se trate da produção de um escrito teórico ou da interpretação num tratamento). É ele que, dessa maneira, dificulta em alguns momentos a distinção entre aquele que cria a interpretação e aquele que a produz ou a trabalha, e isso na medida em que o paciente e o analista realmente ponham em comum a experiência do inconsciente. Que o analista queira, inversamente, instruir o paciente, e não mais acompanhá-lo, desloca então as dificuldades para o lado de uma relação de tipo professor-aluno, cujo suporte é o eu, ou seja, exatamente o que Lacan designou como tendo *função* de defesa e de recusa.[6] Na verdade, o que a experiência analítica isola, em tal relação do sujeito com outro ele mesmo, é a dimensão do *desconhecimento*. Daí a importância, na situação analítica (e na situação criada pela supervisão), de evitar entre o analista e o paciente (ou supervisionando) relações de autoridade e imponência, que só fazem bloquear qualquer possibilidade de "dizer a verdade".

BUSCA DO SER

Nessa busca do ser que constitui todo percurso analítico, o analista nem sempre ocupa de imediato o lugar do terceiro para o sujeito (do terceiro a quem nos dirigimos, mas também para além de quem levamos nossa questão). Existem de fato, em alguns tratamentos, momentos ou etapas eminentemente regressivos em que o paciente pensa exclusivamente com as palavras do analista. Essa ilusão fusional só se rompe, então, através do ódio e da violência. Por isso, às vezes é num momento inteiramente diverso que o analista é passível de se tornar o ponto de apoio, a partir de uma situação em que o analisando se integra no sistema simbólico e aí encontra um meio de se afirmar numa fala própria. Para que esse "trabalho" de separação, de desfusão, possa ser realizado pelo paciente através do ódio, isso pressupõe um analista que saiba acolher este último. Essa "acoınida do ódio" na análise, no entanto, foi mais objeto das preocupações de Winnicott que das de Freud.[7] Este, na verdade, preocupou-se antes de mais nada com a problemática da sublimação e com a exigência de ter que se definir em relação ao nome próprio e à obra de um outro, que se situar em relação ao outro com quem se elabora um pensamento. Assim, foi isso o que constituiu o trabalho de luto evocado por Freud em suas cartas a Fliess (particularmente nas que foram censuradas na edição francesa). Quanto à publicação de *A interpretação dos sonhos,* ele a fez através de uma certa aflição: foi preciso, escreveu Freud, "aceitar que se desligasse de mim uma propriedade não apenas intelectual, mas afetiva".[8]

Mas a elaboração conjunta de um pensamento dificilmente pode ser interrogada, questionada, quando o analista sai de seu lugar de *sujeito suposto saber* para ocupar o do *mestre que sabe.* Por isso, o interesse de *Becoming a Psychoanalyst* [*Tornar-se psicanalista*][9] reside inteiramente no desvendamento do que acontece com o funcionamento institucional da supervisão quando esta é tomada na dimensão hierárquica das instituições psicanalíticas. O objeto da pesquisa (paga pela Associação Americana de Psicanálise) era conhecer a fundo as dificuldades surgidas no curso de supervisão. Ora, isso não aparece nos relatórios administrativos, aliás geralmente favoráveis ao candidato. Mas, acima de tudo, foi a própria metodologia utilizada que tornou impossível ali o aprofundamento de um ponto de vista analítico, logo, do que deveria constituir desde o início o objeto dessa pesquisa.[10]

UMA METODOLOGIA DISCUTÍVEL

Embora o protocolo desse grupo de estudos fosse supostamente baseado nas anotações do analista e nas de seu supervisor, somente as notas do supervisor foram ali preservadas. Portanto, é à rebeldia do supervisionando, H. Shevrin (e a suas ameaças de processo), que devemos a visão de suas próprias notas (ou comentários) figurando ao lado das estabelecidas, sem o conhecimento dele, por seu supervisor, H.J. Schlesinger, e também, como contraponto, do comentário estabelecido por outros analistas eminentes sobre o trabalho de seu supervisor: assim, Joan Fleming analisa o trabalho de Schlesinger através do crivo didático "Fleming-Benedek", enquanto R.S. Wallerstein, E. Windholz e P. Jacob, por sua vez, baseiam sua própria análise no crivo proposto pelo "Projeto de San Francisco". Os efeitos subversivos e didáticos de tal pesquisa prendem-se aqui ao fato de que o jogo pôde ser rompido pelo aluno experiente, farto dos esforços repetidos de sair do lugar de aluno numa situação que se tornava cada vez mais prejudicial para o paciente a quem tinha em tratamento. Aliás o naufrágio do paciente e de seu analista foi evitado porque Shevrin teve a lucidez, num momento de seu percurso, de mudar de supervisor, para dar continuidade ao aprofundamento analítico de sua prática num contexto extra-institucional.

A questão da troca de supervisor, no entanto, quase não aparece no relato apresentado pelo supervisor, que, ao contrário, puxa a brasa para a sua sardinha, ao mostrar como, graças a sua intervenção, esse paciente lhe devia tudo. Mas a surpresa veio de Shevrin, que soltou o verbo acidentalmente...

As notas publicadas pelo supervisor, desse modo, beneficiam-se evidentemente de uma leitura em contraponto com as notas do supervisionando. Vemos imediatamente, além disso, os limites de tal empreitada de pesquisa, baseada na noção de *modelo* (de comportamento, de ensino, de condução de um tratamento, etc.). Assim, por exemplo, quando Schlesinger julga seu supervisionando "frio e objetivo, faltando-lhe calor humano e empatia", Shevrin responde: "Schlesinger me considerava 'tecnicamente correto', mas sem muito coração. Suponho, agora, que o que eu oferecia era uma caricatura de Schlesinger, dentro de um espírito de conciliação; era também um esforço para adquirir o que eu admirava através da imitação" (p. 322). Supervisor e supervisionando, nesse caso, estavam efetivamente no mesmo barco: mas é que ambos tinham contas a prestar e disso dependia sua promoção.

Rudolph Ekstein, encarregado de escrever o capítulo sobre a supervisão do supervisor, optou, por sua vez, pela ficção, para se furtar a uma situação igualmente delicada. Imaginou-se supervisionando Shevrin e ganhando de Schlesinger na corrida do "melhor supervisor"... Sua análise, naturalmente, aliou-se então aos comentários de Shevrin: "Sugerimos que a maneira como Shevrin fala de seu paciente pode ser compreendida como uma reação ao professor, vivido como frio e objetivo, professor esse com quem Shevrin se identifica — numa reação que lhe permite fazer de seu professor sua única platéia, deixando de lado o problema da aprendizagem, já que faz questão de se mostrar um estudante lúcido e à altura" (p. 218).

Nessa obra de mais de 300 páginas, cabe salientar que a dimensão clínica é totalmente ocultada pelas disputas do poder institucional. É que Schlesinger não era unicamente o supervisor de Shevrin, agindo em nome do Instituto de Psicanálise, mas era também administrador e chefe de Shevrin no hospital. Além disso, foi sem conhecimento do assunto que Shevrin foi tomado como objeto de estudo pela Instituição analítica: só veio a descobri-lo no dia em que sua assinatura (sua autorização) se afigurou necessária ao editor. Compreendeu assim, *a posteriori*, o interesse que lhe fora demonstrado pelo supervisor durante a "análise" efetuada com ele, e as dificuldades inerentes a uma situação em que os desafios não estavam do lado de uma busca da verdade, mas sim de prestígio (o que exclui os erros, falhas e deslizes que são os próprios materiais da análise).

Mas o que também falseou a pesquisa empreendida, afora suas implicações institucionais, foi a maneira como ela tomou como eixo *modelos teóricos* tal como funcionam nas ciências. Ocorre que, nesse caso, o que é sacrificado aos critérios de cientificidade não é nada menos do que a especificidade do processo analítico. O *modelo teórico* em metapsicologia, bem como sua maneira de se transformar, realmente não é da mesma natureza da que ele assume na lógica, na matemática ou nas ciências físicas.[11] A metapsicologia resiste a toda tentativa de síntese; mas, a partir do momento em que o analista acha-se em busca de um *aparelho de pensar*, é a liberdade necessária a qualquer elaboração e a qualquer transformação de suas representações fantasmáticas que passa a lhe fazer falta. A partir daí, o que o analista deixa de ouvir em seus tratamentos é qualquer fala do paciente que escape a um crivo doutrinário.

Sabemos que a análise nasceu da ruptura com a hipnose. É ao esquecer isso que o analista anula não apenas o ensino dos poetas, mas também o dos mitos, o da história que se fala na língua. Ferenczi (1928),[12] em sua época, já sublinhara o perigo de o paciente ficar submetido ao saber do analista. Da mesma forma, é aceitando os limites de seu saber que o analista pode, através das histórias inacabadas, aprender com o paciente.

O PROCESSO ANALÍTICO

Cada analista tem que encontrar seu "estilo", e este não deixa de ter efeito na terapia empreendida com o paciente. Emmanuel Peterfreund[13] tentou, por seu lado, trazer um esclarecimento sobre os referenciais que regem o estabelecimento do processo analítico e de sua área de investigação e descoberta. Assim, mostrou que o analista procede por hipóteses, vindo estas a se confirmar ou não posteriormente, conforme se tornem evidentes ou sejam recusadas pelo paciente. Dois procedimentos acham-se inconscientemente em ação aqui, sendo um deles chamado de *processo estereotipado*, em que o analista aplica inconscientemente ao paciente as idéias de uma teoria preconcebida, enquanto o outro, denominado *processo heurístico*, corresponde mais à descoberta de uma verdade pelo paciente, mas beneficia também o analista no campo de investigação que lhe é próprio.

É a radicalização dessas duas abordagens, seu caráter antinômico, que permite colocar em relevo certos riscos ou isolar as "estratégias" utilizadas, inadvertidamente, pelo paciente e pelo analista. Assim, apoiando-se em casos pessoais de sua própria prática, o autor mostra como, em certos momentos de angústia, ele próprio se refugia numa conduta estereotipada, justamente a que critica em seu livro. De fato, ocorre-lhe então soltar interpretações "pré-fabricadas", em vez de esperar que a "resposta" (venha ela do paciente ou do analista com o paciente) surja, no devido tempo, da desordem inerente a certos momentos do percurso analítico.

Quando um analista tem idéias preconcebidas sobre a técnica a ser utilizada num tratamento, ele corre o risco de estragar o que, no paciente, funciona como emergência da verdade. Assim, forma um "paciente dócil", que passa ao largo de uma análise que se desenrola inteiramente na aparência. É o que acontece com o exemplo exposto por Greenson [14] (e citado por Peterfreund). Greenson, com efeito, conduz seus tratamentos a partir de alguns pontos precisos: atribui importância, por exemplo, à análise das resistências antes do exame do conteúdo, faz questão de conduzir a análise indo "da superfície ao mais profundo". Nas apresentações que fornece de seus "casos clínicos", conduzidos segundo esses critérios, Greenson parece sempre possuir a compreensão do tema trazido pelo paciente, antes mesmo de qualquer fala deste último. Assim, o que o analisando traz é sempre remetido pelo analista a um problema de conflito genital, e o que o paciente não compreende é igualmente remetido a uma questão de resistência. Decorre daí um trabalho analítico que transcorre "em ordem" — a do analista —, mas o paciente às vezes tem dificuldade em se encontrar nele, uma vez que lhe pedem para falar uma língua que não é a sua.

"Uma mulher, a Sra. K.", narra Greenson, "no decurso de seu quarto ano de análise, começou a me contar os seguintes sonhos: 'Eu estava sendo fotografada nua, deitada de costas em diferentes posições, de pernas fechadas ou de pernas abertas.'

'Eu via um homem com uma vara de medir (*yardstick*) vergada entre as mãos; o que estava escrito em cima era supostamente erótico. Um monstrinho vermelho estava mordendo o homem com dentes finos. O homem fazia um som, pedindo socorro, mas ninguém o ouvia, exceto eu, e não tratei disso.' "

A paciente, continua Greenson, falou num tom tristonho sobre seu filho, que a deixava louca e em quem ela batia, de seu tédio e do fato de se sentir, por momentos, distante e alheia. Greenson disse-lhe então: "Você se sente distante e vazia porque tem medo de encarar o monstro horrível em seu próprio interior." A isso, a paciente, dócil, respondeu: "O monstro era vermelho como o sangue menstrual. Era um diabo como os que a gente vê nas pinturas de Jheronimus Bosch. Estou como se estivesse pintando todo tipo de demônios do sexo, homossexualismo e ódio. Acho que não quero enfrentar meu ódio em relação a mim mesma, a meu marido, a meu filho e a você. Não mudei realmente. Achei que tinha progredido mais." Greenson, como pedagogo, insiste: "Descobrimos recentemente um novo monstro: seu ódio em relação ao pênis e seu desgosto com sua vagina. Você está fugindo, tentando escapar do vazio." Nesse momento, a paciente se revolta e solta uma verdade com a qual o analista não faz nada; ao contrário, a reação da paciente o conforta na exatidão de suas posições. "Você tem um ar muito seguro de si", diz ela, "como se tivesse resolvido tudo. Gostaria muito de lhe mostrar como usar um pênis, se eu tivesse um... Que padrão você utiliza, então, para medir a neurose? Há momentos em que me sinto burra. Você e a análise me deixam burra. Se eu ficasse ruim como você é comigo, teria medo de perdê-lo. Eu deveria, suponho, ter mais confiança em você."

Essa paciente teme, antes de mais nada, perder seu analista, e contém seu ódio, controla-o para não ser rejeitada. Mas nada desse drama é abordado com um analista que, sistematicamente, interpreta num nível genital traumas muito mais arcaicos, cujos resíduos patológicos não são afetados, portanto, por interpretações que se situam num nível inteiramente diverso da vivência da paciente.[15]

Mas uma análise não pode resumir-se num jogo intelectual: ao contrário, é na língua comum que o paciente deve poder ser autorizado a falar das verdadeiras questões que o atormentam. Nem todo drama vivido pode servir para ilustrar uma teoria. A partir do momento em que o analista tem a ilusão de compreender um caso, isso traz efetivamente o risco de ter como efeito a doutrinação do paciente, e não sua análise, isto é, o movimento de uma descoberta efetuada pelo paciente.

CONDUÇÃO DO TRATAMENTO

As duas análises do sr. Z,[16] de Heinz Kohut, ilustram exemplarmente essa questão da condução do tratamento. Ali se vêem claramente em ação os efeitos da postura do analista frente ao processo analítico. Heinz Kohut, comentando dois períodos de análise feitos com o mesmo paciente, com um intervalo de quatro anos e meio, analisa seus erros e explica que o paciente (ou a doutrina) desviou-se do caminho certo. Duas versões diferentes da análise são fornecidas, mas o que muda no trajeto é menos o paciente do que a teoria utilizada. A abordagem do analista, sob a capa de doutrinas diferentes, na verdade continuou a mesma, ou seja, uma abordagem estereotipada que bloqueia no paciente qualquer descoberta pessoal. O autor, aliás, confessa muito honestamente que o paciente se curou para satisfazer os ideais de onipotência do analista. Resta o fato de que o que persiste depois, por trás do "sintoma de cura", é o desespero do paciente...

O corpo teórico utilizado pelo analista para dar conta de seu trabalho, além dos fenômenos imediatamente descritíveis, inclui em seus dados as noções de conflito, defesa, recalcamento, relação objetal, etc. Mas, no correr do processo terapêutico, está em ação um outro movimento que inclui conceitos como os de transferência, resistência ou associação livre. A interação paciente-terapeuta remete, através disso, ao estilo de direção de um tratamento. Mas o que tenta destacar-se no decorrer de uma análise é uma verdade que se formula à maneira dos mitos,[17] e o que insiste então é o questionamento de cenários fantasmáticos trabalhados pelo desejo de conhecer uma verdade concernente à história e às origens, mas também aos oráculos, às traições, às juras falsas ou às palavras não mantidas que marcaram ou assassinaram o paciente em seu corpo. Assim, as feridas narcísicas sofridas deixam brechas e hiâncias que nem sempre é possível delimitar por completo. Há para cada sujeito, na apreensão que ele pode ter de sua história, limites da compreensão do que ele deve poder levar em conta, e o mesmo acontece com o analista em relação a seu paciente. Qualquer sistema teórico que pretenda fornecer a chave de qualquer enigma, por sua vez, fará a análise pender para uma onipotência "paranóica": o efeito disso será o desespero do paciente, ou, como vimos, uma "cura" sintomática, a saber, a construção, pelo sujeito, com base em identificações frágeis, de uma imagem narcísica que funciona, ao mesmo tempo, para ele próprio e para o analista. O que o sujeito repete então é uma forma de modo de ser mãe-bebê, onde o filho é identificado com as insígnias da mãe e onde deve sua existência à imitação, o que exclui a emergência do lúdico e da criação, o que limita também qualquer espontaneidade na relação do sujeito com o outro.

A exigência de verdade, necessária ao processo analítico, está mais próxima das construções poéticas (à maneira da teoria sexual infantil) que das estruturas estabelecidas em nome de uma verdade absoluta. O desvio a que assistimos nas análises de Greenson e de Kohut prende-se, inversamente, à certeza do analista em sua elaboração teórica, que não autoriza o paciente a avançar fora dos caminhos previstos. Ora, há uma antinomia entre o desejo de verdade e os critérios de verificação (tal como são exigíveis nas ciências exatas), pois o que a análise leva em conta não é um conceito, mas a relação que o sujeito mantém com ele. [18] O que a análise retém é tudo o que entra na economia psíquica do sujeito, mas o analista não pode ignorar que, do lado da verdade, alguma coisa ficará sempre faltando. O que surge na análise, portanto, são "fragmentos de verdade", que muitas vezes só se revelam na posterioridade de um trajeto.

Assim, é o lugar reservado ao *ausente* o que em geral falta no tipo de discurso sustentado nos casos em que o analista dá a impressão de ter uma resposta para tudo. A noção de *elasticidade da técnica psicanalítica,* [19] desenvolvida por Ferenczi (embora a idéia tenha sido tomada de um paciente), evoca, ao contrário, uma posição em que se supõe que o analista saiba esperar que suas hipóteses sejam confirmadas pelo paciente (respeitando, com isso, seu tempo de compreender), e na qual ele aceite sair de uma posição de prestígio, zelando por *controlar rigorosamente* seu próprio narcisismo e suas próprias reações afetivas. Ferenczi, desse modo, situa o analista numa posição oposta à do arquiteto:

toda translaboração do mecanismo do sintoma pode, na verdade, levar à desconstrução de um edifício que se acreditava acabado. É essa desconstrução, a do supereu, que dá acesso à cura. Pois bem, nas análises de que fizemos um registro (as de Greenson e Kohut, entre outras), assiste-se menos a uma desconstrução do supereu do que a sua substituição pelo supereu analítico. É essa substituição transferencial que cria o "paciente modelo", mas gera, ao mesmo tempo, uma situação produtora de traumas,[20] quando se trata do "término" da análise ou, pelo menos, de sua suspensão.

SABER, VERDADE E DESEJO

Se o saber tem de se identificar com a verdade, ele não consegue dar origem a um *corpo* de desejo do qual a fala dá testemunho. O paciente, preso na miragem de uma imagem que recebe como reflexo, pode então desrealizar-se e, como vimos, mergulhar na desesperança.[21] Falta-lhe nesse caso, no que é elaborado, por conseguinte, como discurso, a noção do terceiro, diferente dele, com quem contar e a quem se opor. O lugar ocupado pela negação na análise é, repetimos, absolutamente essencial, e não pode ser reduzido a uma simples problemática de defesa ou de resistência do sujeito. Porque a fala se instaura na ruptura: tomar a palavra é tomá-la de alguém, o que pressupõe que já não estejamos no nível do ser, no prolongamento puro do corpo do outro (seja ele o da mãe ou o do analista). E nomear é separar objetos e seres, é permitir que o jogo da representação se interponha entre dois seres, pois então a lei da linguagem torna-se uma instância mediadora.

A fala que advém na análise liberta o sujeito, com isso, das "ruminações" do representado, e separa o representado de seu representante. O que se forma então no espaço e no tempo, através da negação e da ruptura, é a possibilidade de o sujeito fazer seu um desejo próprio. Ele pode dizer "eu" onde, antes, só existia no nível do eco.

A história do sujeito, lembrou Lacan,[22] desenvolve-se numa série de *identificações ideais*, das quais, na análise, o sujeito "trabalha" para se desprender. A análise constitui, assim, um percurso de *desidentificações*[23] sucessivas, que são necessárias ao sujeito para que, depois de se experimentar no outro, ele possa "produzir" o desejo e fazê-lo reconhecer. Quando essa desidentificação não se dá, o sujeito permanece (como no caso do Sr. Z.) numa zona de assujeitamento ao analista, onde o efeito de transferência passa então a se revelar essencialmente em seu aspecto de *logro*. Essa faceta da resistência não pode ser percebida pelo analista quando o reflexo do que lhe é oferecido no campo de seu próprio narcisismo é o da "imagem ideal" do analista. Os analistas, tal como os pacientes e com eles, ficam assim expostos ao *desconhecimento*, às projeções imaginárias do eu. Por isso, para se proteger desse perigo é que Freud, em seus primórdios, e depois Winnicott, tomaram o cuidado de se interrogar cotidianamente sobre o lugar que ocupavam no trabalho conduzido com cada paciente.

É de um certo lugar que o analista — na qualidade de suporte de uma questão que se dirige para além dele — é levado a falar. Logo, ele nunca é "neutro" em suas intervenções, que se alimentam de sua experiência de vida e da de sua prática profissional, como também de suas crenças e de suas posturas teóricas. É com tudo isso que se dá, num certo momento e não noutro, com este paciente e não com aquele, um "encontro" que nunca fica sem efeito. Pois o paciente vem *dizer* alguma coisa ao analista, mas a intenção (agressiva, punitiva, reivindicatória, etc.) oculta no que ele diz lhe escapa, e, quando ele quer sistematizar o que está tentando explicar a propósito de sua vivência, é geralmente sob a forma da *denegação* que sua mensagem é dirigida ao outro.[24] Nem por isso uma parcela de sofrimento deixa de estar presente e precisa ser reconhecida pelo terapeuta. É que, quando o analista centraliza demais sua atenção apenas nas "estratégias" utilizadas pelo paciente,[25] ele corre o risco de passar ao largo das verdadeiras questões, particularmente das que resistem à codificação. O paciente pode muito bem, de fato, ser sedutor, manipular o analista, fazer de seu empregado, seu marido (sua mulher) ou seus filhos os únicos sintomas de que sofre, e portanto entrar na transferência pelo caminho do engodo. Mas também nisso reside o interesse patético da dimensão humana, tal como ela aparece na neurose e na psicose. "A linguagem do homem", lembrou Lacan em 1946, "instrumento de sua mentira, é perpassada de uma ponta à outra pelo problema de sua verdade." [26]

Se o ódio deve ser acolhido pelo analista na análise, a mentira deve sê-lo igualmente. Pois bem, a preocupação atual, que é a de numerosos analistas (particularmente os anglo-saxões), de conseguir estabelecer de maneira científica a *validade* de sua interpretação, é o que traz o risco de fazer a posição do analista pender para a do psiquiatra ou do biólogo. Peterfreund [27] explica claramente, a propósito disso, que a atitude *estereotipada* do analista pode induzir aos mesmos erros de avaliação da atitude *heurística*, quando a empatia é oferecida como o único referencial. A complexidade do que constitui a especificidade da análise, portanto, deve ser levada em conta. De fato, o analista deve poder, ao mesmo tempo, identificar-se pontualmente com as dificuldades encontradas pelo paciente, não se precipitar nos efeitos imaginários de uma tragédia comum, e permanecer atento ao que insiste como fenômeno insólito, mas ficar atento também a um contexto que está longe de sempre poder ser apreendido tão facilmente quanto ele desejaria. Foi assim que a interpretação dada por determinado analista à expressão da angústia de uma paciente diante da invasão de um câncer pôde revelar-se, *a posteriori*, relacionada com algo inteiramente diverso da dor do presente. Esta remetia, na verdade, ao isolamento dramático que a paciente havia conhecido em sua infância, [28] isolamento que foi "reatualizado" através de seu sofrimento presente.

A IRREDUTIBILIDADE DA NEUROSE

O analista possui, na melhor das hipóteses, um *método de descobrimento*, mas o árbitro é o paciente, que, de fato, tem algo a dizer sobre as intervenções de seu analista. Resta, todavia, "o irredutível da neurose", definido por Bion como sendo o "mínimo de incurabilidade sem o qual o paciente não seria o paciente".[29] Na patologia encenada pelo paciente pode haver um amontoado de fatos cujo objetivo é cegar o analista. Mas este é ainda mais fácil de cegar quando se sente "esclarecido" pelo que alguns acontecimentos, para ele, restauram de verdade. Assim, é possível que a análise seja pontuada, em alguns momentos, por uma "loucura a dois", mas a solução, mais uma vez, não está do lado da construção, num estilo obsessivo, de crivos de análise cada vez mais sofisticados. Porque a mentira e o erro, na análise, são parte integrante da verdade, quer a fabulação venha ou não somar-se a isso pelo lado do paciente, e essa verdade, assim, não pode ser perseguida à maneira de um enigma policial. A modulação "passional" da história de um sujeito, que remete àquilo que o formou na infância, é também o que constitui sua humanidade. E é para uma leitura dessa história que o analista é convidado.[30]

POSFÁCIO

As Formações da Instituição [1]

Há um paradoxo nos analistas quando eles consideram seu lugar no corpo social. Ao se agruparem como instituição com uma vocação de transmissão e conservação, eles não se interrogam, do ponto de vista da psicanálise, sobre o estilo desse vínculo institucional. De maneira sintomática, têm negligenciado há muito tempo, e até tratado de modo divertido, os textos freudianos sobre o vínculo social e a civilização, desde *Totem e tabu* até o *Moisés*.

Coube a Lacan dar a esses escritos, amiúde considerados como uma extensão de um mito pessoal, todo o seu lugar. [2] Aliás, foi apoiado nisso que ele formulou, algumas vezes, o avanço mais decisivo sobre a questão do sujeito. Esse desconhecimento sem dúvida não é fortuito, e foi preciso que Lacan produzisse a teoria freudiana do sujeito para que essa ocultação se esclarecesse como estando ligada à promoção do *eu*.

Essa teoria, pelo destaque dado à função do Outro, empreendeu uma leitura diferente do social. Apoiando-se nesses textos, Lacan desmontou o funcionamento das associações analíticas existentes. Também elas são regidas "segundo as leis ordinárias do grupo" [3] (massa). Dentro dessa perspectiva, o social e o subjetivo não são oponíveis, como o dá a entender o pensamento comum que opõe o individual ao coletivo. Num momento posterior de sua elaboração, Lacan proporia inclusive a redução das modalidades de vínculo social a quatro discursos. Isso obriga a pensar a instituição analítica, não somente como não fundamentando o analista, mas também como não se legitimando por si só: daí o desafio de uma interrogação sobre os discursos atuantes na instituição de analistas, com todo o equívoco dessa expressão.

A própria palavra "instituição" não é unívoca. *Institutio*, em latim, já tem o sentido, de um lado, de disposição, arranjo, em termos da organização de alguma coisa, ao mesmo tempo numa vertente social e jurídica — o conjunto das leis que regem a cidade e dos instrumentos de sua ação —, mas também conceitual, no sentido de sistema de pensamentos, de corpo de doutrina, bem como o de formação, instrução e até educação. Este último sentido ressurgiria no francês da Idade Média; encontramo-lo no termo contemporâneo *instituteur* [professor primário, preceptor]. Já podemos sublinhar a vertente dupla que essa palavra supõe: instruir e instituir. Ou seja, ligar o saber e a permanência, um saber que é transmitido e que, ao mesmo tempo, institui aqueles que o recebem. O saber é chamado, nisso, a ter uma função fundadora sobre o sujeito, e, através de sua conservação, a anular a finitude de cada um através da eternidade da instituição. Fundida no grande corpo institucional pereniza-se a fantasia de uma geração não-sexuada, de uma transmissão sem perda. É também esse o solo que encontramos na base de todas as instituições.

Todo debate sobre esse assunto, qualquer que seja o campo onde se desenrole, levanta o problema da origem. Assim, na história do cristianismo ocidental, ele se encarnou mais particularmente nas crises sucessivas a respeito da delimitação recíproca dos campos espirituais e temporais: "Constantemente reajustado, corrigido e matizado, o princípio permaneceu o mesmo e atravessa os séculos: o papa dispõe da *auctoritas*, e o príncipe da *potestas*, segundo a própria fórmula do papa Gelásio I; à Igreja o gládio espiritual, à cidade humana o gládio temporal, conforme a expressão empregada por São Bernardo, seis séculos depois."[4] Essa dualidade dos poderes implica sua delimitação recíproca: o temporal é legitimado pelo espiritual, que, por sua vez, é despojado da ação. Não obstante, se essa partilha parece estabelecida, resta a questão dos fundamentos e da articulação deles. Ela nasce da necessidade de todo poder de se fundamentar num mais além. Prova disso é o debate entre tomistas e franciscanos, que obedece a essa mesma lógica: uma dualidade ou unicidade de fundamentos que, no final das contas, resolve-se na Unidade divina.[5] A questão se resume na impossibilidade de pensar um fundamento diferente em Deus ou um Deus necessário para pensar a legitimidade. Logo, não há fundamento possível na reciprocidade; existe a necessidade de um terceiro.

Todavia, o debate sobre o fundamento das instituições tem-se alimentado sobretudo da oposição natureza-cultura. As instituições são artifícios ou traduzem uma ordem natural? Desde a posição humanista, apoiada em Aristóteles e que pensa o social como natureza,[6] até a perspectiva contratual, essa oposição não se deslocou. Apenas agudizou-se a partir do Iluminismo, quando o teológico não bastou mais para fundamentar o direito e quando a emergência da ciência, no sentido moderno do termo, fez vacilar o referencial religioso estrito.

A necessidade de um terceiro em quem basear o institucional sugere o que desenvolveremos mais adiante, que a oposição entre natural e contratual talvez esteja mal colocada. Assim, ao tentar articular as leis e os costumes, Montesquieu se esforçou por ultrapassar a oposição, mantendo a dualidade. A lei não estabelece tudo, às vezes é apenas a explicitação do uso, mas é sua articulação com este que define o estilo da sociedade.

A questão da legitimidade das instituições em sua modernidade leiga seria desenvolvida por Durkheim a partir de Augusto Comte. Para Durkheim, a base moral da instituição prende-se ao que ele denomina de *respeito*, isto é, à legitimidade, aos olhos dos sujeitos, da sujeição institucional, mas também se prende à *autonomia*, ou seja, ao concurso necessário do indivíduo para o andamento da instituição, por meio de uma internalização e de uma aceitação desses cerceamentos. Essa é, de certa forma, a teoria da democracia, que poderia levar a crer que é o consenso que é fundador, ao passo que o que está em jogo é um respeito de outra ordem, anterior à noção durkheimiana, pois a norma em jogo fundamenta-se muito além da instituição.

Por outro lado, Durkheim tenta pensar o fim das instituições. A manifestação desse declínio é a emergência da força como único meio de assegurar a sujeição, o que testemunha para ele uma perda de legitimidade.

Essa emergência da força remete à questão, freqüentemente levantada, da relação entre conflito e instituição. A relação entre ambos, em geral, é regulamentada em termos de uma exclusão recíproca: o campo do conflito não é o da instituição. Na imagem do ideal de eternidade ou de transcendência da instituição, o que aparece é sua função de encobrir a morte; essa exclusão aparece mais como uma finalidade do que efetivamente realizada. Há uma outra transposição que modifica — ou melhor, fundamenta — a instituição no sentido moderno do termo: é a escrita. Para Jack Goody, a divisão entre espiritual e temporal é modificada por ela: "toda divergência entre o domínio do padre e o do rei, que encontramos em estado implícito nas sociedades orais, torna-se agora explícita e pode assumir uma dimensão ideológica". [7] Esse efeito de explicitação, que parece a Goody ser a principal conseqüência do emprego da escrita, surte, evidentemente, efeitos em todos os campos da vida social. "Todas as sociedades são guiadas por normas e regras, quaisquer que sejam suas formas, porém, quando elas permanecem implícitas, no nível da 'estrutura profunda', elas não assumem, aos olhos do agente ou da sociedade, a mesma forma de quando são conscientemente formuladas por aqueles que são governados, gravadas em placas e afixadas no fórum por ordem daqueles que governam." [8] Ao mesmo tempo, introduz-se uma certa fixidez dessas normas, bem como a distinção entre lei e costume "dentro do corpo dos direitos", [9] tendo por corolário notável a desvalorização da fala em prol da escrita. [10] Goody observa também que a escrita leva a uma certa "descontextualização" da comunicação. A partir do efeito cumulativo da escrita, podemos inferir a idéia de que uma instituição que agrupe um número significativo de indivíduos não seria pensável sem ela, como tampouco o seria a noção de Estado no sentido moderno do termo.

Temos que nuançar essa função de explicitação da escrita. Parece-nos que, de fato, o implícito anterior é apenas suposto, *a posteriori*, a partir da escrita, porque, se esta pode dar a ilusão de um desvelamento, ela realmente parece, antes, reforçar o véu colocado sobre a origem.

Convém esclarecer que a imprecisão semântica do termo instituição, que designa igualmente as associações, a unidade assistencial ou o próprio Estado, não precisa ser dissipada. Na verdade, sustentamos que toda instituição está presa na repetição de uma instituição originária. Vale notar, contudo, a proliferação moderna da instituição em seus diversos sentidos (leis e instâncias de aplicação dessas mesmas leis), que nos parece dar testemunho do enfraquecimento de uma legitimidade primária. As leis proliferam na medida em que a Lei é menos garantida. Nesse registro, a substituição do divino pelo leigo marca a emergência do discurso da ciência e de seus efeitos reais sobre o simbólico.

Nessa perspectiva é possível situar o trabalho de Pierre Legendre. Para ele, o golpe de força pode ser compreendido como originário, pois é o Poder que constitui o pivô central, não passando o direito do revestimento posterior de sua legitimidade. Veremos adiante que essa questão é totalmente coerente com a perspectiva freudiana. O conflito e a instituição têm relações totalmente estreitas e podemos realmente falar numa violência institucional, já que, para Legendre, a submissão surge como o objetivo único de toda instituição. "O poder toca no nó do desejo." [11] Transforma o oponente em culpado e o erro em falta: é o uso da culpa pela instituição em seu benefício. Surge aqui um ponto de contato entre o jurídico e o analítico, este interrogando aquele em sua relação com a verdade.

Os laços entre o poder e o desejo são mais do que de proximidade. Por um lado, porque o poder está sempre preocupado com a questão do desejo — questão que Freud sublinhou no título do *Mal-estar na cultura* —, e, por outro lado, porque poder e desejo têm um fundamento comum. Lacan lembrou que não há "outro mal-estar na cultura senão o mal-estar do desejo". [12] Essa articulação entre poder e desejo foi proposta por Freud em diversos mitos — ligados à questão da origem. Mitos necessários, na qualidade de semiditos inerentes a toda enunciação da verdade. Os três mitos principais (Édipo, Totem e Tabu, Moisés) cuja não-equivalência Lacan assinalou giram em torno de um ponto comum, que focaliza e fundamenta o elo indissolúvel entre desejo e poder: o Pai. Foi também a partir desse ponto que Freud desenvolveu uma psicologia social capaz de fundamentar justificadamente a instituição na pluralidade recordada dos sentidos desse termo. Essa psicologia social não se distingue de uma teoria do sujeito; de fato, "na vida psíquica do indivíduo tomado isoladamente, o outro (*der andere*) intervém muito regularmente na qualidade de modelo, apoio e adversário, e por isso a psicologia individual é também, de imediato e simultaneamente, uma psicologia social, nesse sentido ampliado mas perfeitamente justificado". [13] Ao que Lacan comenta: "O coletivo nada mais é do que o sujeito do individual", [14] sendo o individual, no coletivo, aquilo que se refere à função do Eu. Coletivo pode ser entendido tanto como a coleção de indivíduos quanto como a figura do Outro. [15]

O mito originário que funda o social é proposto em *Totem e tabu*. Originariamente, há um pai, um pai semi-animal, um "orangotango" onipotente, "violento, ciumento" e, acima de tudo, que goza com todas as mulheres, das quais, ao mesmo tempo, os filhos ficam privados. Com o projeto de uma partilha desse gozo, os filhos matam o pai. Mas surge então uma nova dificuldade: "A necessidade sexual, longe de unir os homens, divide-os. Se os irmãos estavam associados enquanto se tratava de suprimir o pai, tornam se rivais a partir do momento em que se trata de se apossar das mulheres. Cada um havia desejado, a exemplo do pai, tê-las todas para si, e a luta generalizada que resultaria disso levaria à ruína da sociedade." [16] Para esse impasse, uma única saída: a da renúncia por parte de todos, manifesta pela proibição do incesto. O que torna a aventura paradoxal, já que foi para possuir as mulheres que o assassinato se deu e que a conseqüência disso foi a renúncia ao gozo como lei do pai morto. É justamente com a morte do pai que a Lei se instaura. O morto "torna-se mais poderoso do que jamais o fora em sua vida". [17] Trata-se de um poder de outra natureza, o do significante que se manifesta como Totem, ou seja, a deificação do pai. Em torno dessa instituição da Lei pelo significante encerra se o contrato social celebrado pelo banquete totêmico, onde o que estava em jogo era a incorporação do significante Pai.

Trata-se de um mito, de um drama a-histórico na origem de toda a história. Esse pai primitivo só é designado como pai retroativamente, no significante, porque, "antes que haja o Nome-do-Pai, não havia pai". [18] Na origem da Lei está o crime em sua relação com o gozo primário, mas também supremo, identificado com a mãe. Esse ponto de origem é também um ponto de enigma, e continuou a sê-lo para a psicanálise na questão do gozo feminino, no sentido de que esse gozo primário é tanto o do pai da horda quanto o de todas as mulheres. Lacan sublinha que há, de fato, uma equivalência entre o Pai morto e o gozo, no sentido de que ele é simultaneamente aquele que o detém e aquele de onde partiu a proibição do gozo. Isso se apresenta sob o signo do impossível enquanto Real, e por isso Freud insistia no fato necessário de que isso houvesse realmente acontecido. Assim, é a partir da entrada do significante em jogo que podemos falar em gozo.

Do lado dos filhos funda-se a sociedade, por causa do acordo inicial necessário. O que os liga é a culpa, e "a sociedade repousa daí por diante numa falta comum", [19] que é também a do pai. O que se realiza depois é "a transformação da horda do pai numa comunidade de irmãos". [20] E o que retorna é o amor como produto do remorso, o amor do pai, com os dois sentidos possíveis desse genitivo. É esse o fundamento do religioso, "a persistência da necessidade religiosa", diz Freud, "isto é, do amor sempre despertado pelo Pai". [21] Assim, o religioso está no princípio de toda civilização e se inscreve no horizonte de toda instituição, devido à particularidade da função paterna. O que faz do pai um Nome, um significante, aquilo em torno do qual tudo gira, é que a paternidade é sempre incerta, faz-se necessária a fé. A Lei situa o acesso ao gozo como transgressão, e "todo exercício de gozo comporta algo que se inscreve no livro da dívida na Lei". [22]

Esse mito continua ativo e se repete, pois o que está em jogo é o sacrifício da bestialidade de cada um. Não obstante, o pai como pai morto, o pai restaurado depois do assassinato primitivo, aquele que se transforma em objeto de amor, na inversão do ódio primitivo, aquele cujo amor permite gerir a culpa dos filhos, será também encarregado por estes de assumir a responsabilidade pelo crime original. "Já não são eles, daí por diante, os responsáveis pelo sacrifício, é o próprio Deus que o exige e ordena. A essa frase pertencem os mitos segundo os quais é o próprio Deus que mata o animal que lhe é consagrado, e que não é outro senão ele mesmo." [23] Por esse caminho é possível compreender o sacrifício de Isaac.

Abraão está a ponto de sacrificar seu filho eleito, aquele que lhe fora concedido por Deus a despeito da esterilidade de sua mulher, e isso a pedido do próprio Deus. Um anjo detém sua mão e faz a troca por um cordeiro; o sacrifício do filho é substituído pelo do antepassado, o "cordeiro primordial". O que aparecera como demanda do Outro, à qual era dever responder, é substituído por algo da ordem do desejo. "Aqui se marca o corte entre o gozo de Deus e o que por tradição o designa como desejo, desejo de alguma coisa cuja queda se trata de provocar: é a origem biológica." [24] Nessa divisão entre gozo e desejo cai esse algo que se refere ao biológico, hiância própria para manter essa separação, e que deverá ser repetido sob a forma do sacrifício de carne — a circuncisão — que sela a aliança com Deus. Esse pedaço que cai do corpo é o *objeto a* que marca a distância entre o gozo e o desejo. Através da aliança, é o povo de Deus que se funda. Essa repetição ritualística exigida de cada um é atuante, de certa maneira, em todas as instituições, no que elas têm que reencenar e manter a divisão entre o gozo e o desejo, uma divisão que nunca é encenada em definitivo.

É essa reprodução que define o que está em jogo no Édipo, primeiro mito proposto por Freud. "Édipo, em suma completamente inocente, inconsciente, realiza sem o saber (...) a renovação dos passos que vão desde o crime até a reestruturação da ordem. Assume ele mesmo a punição e, no fim, aparece-nos castrado." [25]

O que permaneceu encoberto em *Totem e tabu* é a castração em sua relação com o desejo, que é aquilo com que os filhos têm a ver. Pois o que cada um tem de repetir com o Édipo é o renascimento da Lei. Lacan indicou que Édipo, ele próprio, não fez o complexo de Édipo, pois se castigou por uma falta que não havia cometido. É por isso, sem dúvida, que isso é reencenado no Real. Todavia, o pai, aqui, não é o pai primitivo. É um pai castrado — enquanto real — que, se transmite a lei, não pode ser a garantia dela, já que está submetido a ela. É nesse sentido que Lacan pode lembrar que, frente ao pai simbólico, todo pai real é substituto.[26] No final das contas, o que o pai transmite é a castração.

Édipo é um mito do qual, segundo Freud e Lacan, na época moderna, estaríamos vivendo algo como o declínio. Ele se repetiria "numa forma falseada — disso há certamente um eco em *Hamlet*". Ali, é a dívida do pai que se transmite, e Freud vê nisso o testemunho do excedente de culpa — a angústia perante o supereu — pago como tributo ao progresso da civilização.[27]

Esses mitos existem, cada qual a sua maneira, para dar lugar a um Real — o que está em jogo na psicanálise —, ou seja, a relação sexual como impossível de se escrever. Se a questão do gozo e da lei é tão atuante no *Édipo* quanto em *Totem e tabu,* esses dois mitos se distinguem em diversos aspectos, e Lacan até fala numa esquize entre os dois. No *Édipo,* a Lei é primária, tão primária que ir contra ela, mesmo sem conhecimento disso, acarreta a punição, e é como efeito da Lei que se produz o gozo. Ao contrário, em *Totem e tabu,* o gozo é primário, e a Lei, segunda. Mas essa Lei é tal — proíbe efetivamente *todas* as mulheres — que não deixa de ter um correlato perverso, como o testemunha a comunhão selada entre os irmãos num ritual canibalesco.[28] É isso o que Lacan assinala na grafia *"père-version"*, ao afirmar, com referência a *Totem e tabu,* que "é na medida em que os filhos são privados de mulher que eles amam o pai", o que significa que "a Lei não tem absolutamente nada a ver com as leis do mundo real, é simplesmente a lei do amor".[29]

É aí que jaz o Real como impossível, no que, pelo assassinato do pai, o acesso a seu gozo não é possível, ele não é transmitido, nem o gozo nem tampouco seu lugar.

Lacan mostraria, em 1971, que esses dois mitos remetem às duas estruturas fundamentais da neurose — enquanto articulada em torno do Nome do Pai e do falo: *Édipo* na histeria, *Totem e tabu* na neurose obsessiva. Se o gozo aparece velado no primeiro mito, é para destacar a questão do falo em sua referência ao desejo da mãe e à transmissão do pai para o filho. No segundo, ao contrário, o gozo do pai é manifesto, não transmissível, e a relação com esse pai se desdobra no registro da ambivalência. O assassinato do pai aparece no lugar da castração rejeitada. Cabe notar aqui que a seqüência que Freud propõe para esse tempo fora da história é o matriarcado, manifestando com isso a emergência do desejo da mãe.[30] Essa etapa intermediária é necessária para marcar de onde provém o patriarcado histórico como funcionando em torno de um pai que é, ele mesmo, castrado.

Essa função do pai é central em toda a vida social, como o mostra Freud em *Moisés e o monoteísmo,* ao fazer dela o pivô da experiência religiosa. O *Moisés* comenta e desenvolve os mitos precedentes; é, de certa maneira, o mito da psicologia das massas. Moisés é pai, na medida em que funda uma religião, mas é sobretudo filho, como o testemunha a interrogação sobre sua filiação: é aquele que transmite a lei que Deus Pai lhe confiou.

O gozo aparece lateralmente na figura do Bezerro de Ouro. Não é negado, e Lacan lembra que o texto bíblico proíbe as relações com os outros deuses ou ídolos, mas não diz que eles não existem.[31] Cabe notar que as figuras paternas estão distribuídas — nesse sentido, o pai é uma condensação. O que tem de ser unificado no Deus Uno é o múltiplo, é a passagem do politeísmo ao monoteísmo. O próprio Moisés aparece desdobrado entre o egípcio e o midianita, o racionalista e o inspirado, diz Lacan. Essa dualidade é necessária à transmissão, que não se faz por vias lineares, pois não se trata de um saber no sentido referencial do termo. Uma das faces de Moisés garante a passagem da outra. "Porém, fundamentando-se no exame dos vestígios da história, Freud só pode encontrar a via motivada para a mensagem do Moisés racionalista na medida em que essa mensagem transmitiu-se na obscuridade, isto é, que essa mensagem encontrou-se vinculada, no recalque, ao assassinato do Grande Homem. E é precisamente por meio disso que pode ser veiculada, conservada num estado de eficácia que podemos medir na história."[32] Dentro dessa perspectiva, o assassinato do Cristo aparece como uma repetição do assassinato primitivo. Teremos que nos interrogar sobre as relações entre essa repetição e o ato de fundação.

Esse mito, Freud o situa no princípio de toda massa. Massa a ser entendida no sentido, não de multidão, mas de grupo estruturado. Sublinhemos, de passagem, que nosso projeto não é interpretar o social, mas prestar contas localmente do funcionamento da instituição, no sentido indicado por Freud: "Cada indivíduo, tomado isoladamente, é uma parte constitutiva de diferentes massas, ligado por identificação por diferentes lados, e erigiu seu ideal de eu segundo os mais diversos modelos. Cada indivíduo, tomado isoladamente, participa, portanto, de diversas almas das massas, a alma de sua raça, de sua classe, de sua comunidade de fé, de seu Estado, etc., e pode ainda por cima aceder a uma parcela de autonomia e de originalidade."[33]

Freud mostraria que o ponto focal do grupo, sua condição e o que garante sua coesão, é o chefe (*Führer*), na medida em que ele ama todos os indivíduos do grupo com um amor igual. Por esse amor do chefe são asseguradas as relações entre os indivíduos do grupo. O vínculo entre eles se rompe quando o chefe desaparece.[34] O elo recíproco entre os indivíduos da massa é uma identificação de tipo histérico do desejo ao desejo do outro. Ela tem efeitos de uniformização, põe em jogo o eu. Mas a identificação fundamental da massa diz respeito ao líder. Cada indivíduo da massa identifica-se com ele, tomando-lhe de empréstimo o traço unário (*einziger Zug*). O que Freud resume ao descrever a massa como "uma soma de indivíduos que puseram um único e mesmo objeto no lugar de seu ideal de eu e que, por conseguinte, identificaram-se em seu eu uns com os outros".[35]

Esse chefe que ama todos os indivíduos com um amor igual remete à perversão [*père-version*] evocada acima. É que por trás da figura do chefe perfila-se a do pai primitivo. É preciso considerar o chefe efetivo, diz Freud, mais como um irmão mais velho, um substituto paterno. Ele é, como Moisés, o intermediário entre o povo e Deus, esse Deus cuja visão seria insuportável.[36] Mas, no final das contas, esse chefe "continua sempre a ser o temido pai originário, a massa sempre quer ser dominada por uma potência ilimitada, é sumamente ávida de autoridade, tem (...) sede de submissão".[37] Uma submissão superêuica que procede do amor do pai: "O pai originário é o ideal da massa que domina o eu no lugar do ideal de eu."[38]

Na massa, portanto, os indivíduos são irmãos nesse pai. Podemos notar que, em *Totem e tabu*, o par formado pelo pai primitivo e as mulheres é substituído, depois do crime, pelo par composto pelo pai simbólico e os filhos passivos e submissos, que o incorporam, no banquete totêmico, em seu corpo institucional assim fundado: descobrem-se irmãos. Irmãos no nome do pai, inscritos na suposição necessária de uma comunhão do *corpo das mães*, do qual o corpo institucional constitui a metáfora, reservando seu lugar para o chefe, aquele que fica de fora ao preço de sua incorporação (S (A̸)).

Essa fraternidade apóia-se na segregação. Somos irmãos à exclusão daqueles que não o são. Mesmo numa religião toda feita de amor, como o cristianismo, estão excluídos desse vínculo todos aqueles que não pertencem a essa mesma comunidade de fé.[39] A instituição define um dentro e um fora. Dureza e intolerância com os que não pertencem a ela são exigidas pela coerência interna do grupo. Isso é válido para toda massa, qualquer que seja seu nível de organização, porque o fora é o lugar da animalidade rejeitada, cujo retorno é sentido como ameaçador. Essa situação pode levar a um reforço da rejeição, quando então nos vemos na vertente de um funcionamento paranóico, ou pode situar o fora como um dentro por devir, o que constitui o proselitismo.[40] Essa fronteira instaurada pelo simbólico remete à da diferença entre os sexos. No momento em que essa referência simbólica se enfraquece, é o retorno do horror do gozo no outro que ameaça: é a mola da ascensão do racismo.

No final das contas, "o que começou pelo pai é terminado pela massa",[41] e toda instituição tem que reencenar à sua maneira, em sua fundação, essa divisão entre o gozo e a Lei, o gozo e o desejo. Na hiância assim reaberta — a fenda interditora do segundo tempo do mito — produz-se um Real, o da relação sexual como impossível. É o que faz o sintoma e que se encontra na própria base de toda instituição. É, ao mesmo tempo, aquilo que elas estão encarregadas de encobrir.[42] Aí se inscreve algo que só pode se repetir, e que a escrita do direito explicita, mas não desvela.

Freud comparou o vínculo que une o indivíduo ao chefe na massa com o da hipnose — "uma multidão de dois". Se a psicanálise emergiu da renúncia à hipnose, ela só pode afigurar-se irreconciliável com a instituição. Esse é um dos pontos problemáticos, se quisermos considerar pensável uma instituição analítica. A outra observação evocada pela referência à hipnose é que o lugar do hipnotizador não é exatamente o do pai originário — mesmo que remeta a ele —; o que aparece aqui é a figura do Senhor, cujo discurso — enquanto vínculo social — está, portanto, no princípio da instituição. Nessa repartição dos lugares, é a economia do gozo — do mais-gozar (a) — que se desdobra. É a antecipação assinalada por Marx como mais-valia que Lacan interpreta como primeira localização do sintoma. "A noção de sintoma foi introduzida bem antes de Freud por Marx como signo do que não funciona no Real."[43] Na economia do desejo, é enquanto mais-gozar, antecipado no outro, que ele aparece. Lacan o situa como produção no discurso do Mestre.[44] Ele vem suprir o gozo fálico proibido.[45] A isso corresponde, portanto, o que Lacan define como sintoma, que é da ordem dos primeiros encontros com o real do sexo, isto é, com o gozo.

O gozo como implicando o outro numa posição particular, Freud já o havia pressentido: "para ele [o homem], o próximo não é somente um auxiliar e um objeto sexual possível, mas também um objeto de tentação. O homem, de fato, é tentado a satisfazer sua necessidade de agressão à custa do próximo, a explorar seu trabalho sem compensação, a utilizá-lo sexualmente sem seu consentimento, a se apossar de seus bens, a humilhá-lo, inflingir-lhe sofrimentos, martirizá-lo e matá-lo."[46] O gozo é, pois o mal, já que implica o mal do próximo sob a forma de sua exploração, do que lhe é retirado antecipadamente.

Freud mostra que existe um paradoxo no que a civilização coloca como proibição com respeito ao gozo. Quanto mais nos sacrificamos à proibição, maior é a exigência do supereu.

Dentro dessa perspectiva, Lacan introduz a dimensão do sintoma como Real. O Nome do Pai, referido ao pai da horda tal como ele está na pré-história, isto é, fora do simbólico, pode assim vir em lugar do sintoma.[47] O pai, contudo, está na posição de impostura quando profere a ordem. Porque isso fala desde além dele, do ponto do Real que é o Nome do Pai. Nessa impostura, é a figura do Mestre que emerge diante da do Pai, no sentido do pai simbólico. Nesse sentido, o poder está sempre ligado à fala. "A política repousa em que todo o mundo fica muito contente em ter alguém que diga *Em frente, marche* — para qualquer lugar, aliás (...). O discurso do Mestre é caracterizado pelo fato de que, num certo lugar, há alguém que tem a aparência de comandar."[48] Nesse aspecto, "aderir" a uma instituição contém um imperativo de submissão, a que é exigida pelos significantes do Mestre. Para alguns, esse é o meio de encontrar seu ponto de certeza. Inversamente, esse é um dos problemas colocados pelos psicóticos nas instituições, a ponto inclusive de termos a sensação de que, muitas vezes, o que é chamado de cura deles não passa de sua institucionalização. Devido à sua estrutura, não é através do Édipo que isso lhes fala, já que o significante do Nome do Pai está foracluído e que o mundo não tem, para eles, a significação fálica necessária à fundamentação do poder.

Para o neurótico, ao contrário, a instituição pode ter valor terapêutico, o que não quer dizer analítico: "Abandonado a si mesmo, o neurótico é forçado a colocar suas formações de sintomas no lugar das grandes formações das massas de que está excluído."[49] Freud indica que se trata de uma cura falsa, sem dúvida por algum tempo, mas que, pelo menos, o engajamento numa massa não deixa de surtir efeito na associalidade do neurótico. E acrescenta: "Mesmo quem não lamenta o desaparecimento das ilusões religiosas no mundo cultural de hoje concordará em que elas ofereciam àqueles a quem uniam, por todo o tempo em que continuaram em vigor, a mais forte proteção contra o perigo da neurose."[50]

A religião está ligada à verdade e à função do pai. Não deixa, aliás, de ter um ponto em comum com a psicanálise. Mas se, na religião, somos inscritos no amor do pai, para a psicanálise o sentido disso é sexual e referido ao pai. Esse nome fica fora da cadeia significante.[51] Por essas razões, toda instituição tem a ver com a religião. Podemos até afirmar que com o catolicismo moderno realiza-se o último passo da instituição. A Igreja aparece como o protótipo dela. Isso se dá pela instauração do mistério da Trindade: três termos articulados e, ao mesmo tempo, fundidos na Unidade. O Pai que não fala mais, porém a quem nos dirigimos e em cujo nome falamos, e que só se funda como pai na mitologia do filho, do Cristo, ou seja, no "mandamento que ordena amá-lo, ele o pai, e no drama da paixão que nos mostra que há uma ressurreição para além da morte. Quer dizer que o homem que encarnou a morte de Deus continua existindo. Continua existindo com esse mandamento que ordena amar a Deus".[52] A promessa da vida além da morte, uma vida que estaria livre do Real, faz dos fiéis filhos já ressuscitados. Aqui aparece claramente a última figura do Mestre: a morte.

O terceiro termo se encarna na Igreja: é o Espírito Santo. Isso é o que permite a Lacan dizer que a Igreja sempre foi a Instituição mais democrática. Com efeito, a democracia supõe eleições e eleitores. Para que ela tenha um sentido, isso implica que o "votante saiba um pouquinho". Nesse caso, a massa fica no lugar do sujeito suposto saber. Já a Igreja tem o Espírito Santo. Entre o sujeito suposto saber e o Espírito Santo "há apenas uma diferença, nesse nível, a fazer valer em favor do sujeito suposto saber: é que o sujeito suposto saber, no conjunto, não percebemos que ele está sempre ali, de modo que não somos culpados de mantê-lo."[53] A Igreja, mas também a Instituição, já que o sujeito suposto saber está sempre em ação nela, são, portanto, antinômicas à psicanálise, cujo término supõe sua *destituição*. Nesse caso, será que a instituição psicanalítica é sequer pensável? Como constatamos, sua função é tapar a hiância, produzir na repetição de sua fundação um substituto da origem, próprio para nos assegurar dela. Ela se baseia num escrito — contratual — que, se pode explicitar o implícito do costume ou do uso, como pensa Jack Goody, existe também para que o que foi morto fique guardado para sempre.

Em algumas sociedades, é uma certa prática ligada à função de chefia que resguarda da institucionalização. Uma das modalidades é que, em troca desse lugar, o chefe tem de conceder a seus súditos dons que o conduzem a um empobrecimento inelutável. Através dessa ruína da figura do chefe, inscrita desde o início, essas sociedades reencenam repetidamente a morte do Mestre. Ao amor pelo chefe, que consiste em lhe dar o que não se tem — ou seja, o poder, isto é, o falo — corresponde o dever do chefe de dar o que ele tem, isto é, de um preço a ser pago. Esse poder é mantido nos termos da troca segundo um equilíbrio a preservar.[54]

A instituição moderna desenha-se num horizonte paranóico. Numa época em que o enfraquecimento do simbólico nos ameaça com uma relação imediata com o outro, a instituição, definida não mais pelo costume, mas pelo escrito do direito, administra esse perigo como pode: à maneira do domínio, onde se produz repetitivamente do lado de fora o objeto mau e persecutório. Assim, a fraternidade é levada a se reafirmar na segregação. O nome próprio — o Nome do Chefe — pode ser o emblema próprio para garantir isso. A outra alternativa do sujeito, então, é submeter-se ao desejo fazendo-se instrumento dele, o que, sem pilhéria, as instituições chamam de ser membro, cada qual fetichizado em sua relação com o corpo institucional.

A massa produz e se alimenta da idealização imaginária, que reproduz o ressurgimento do discurso do Mestre. Isso levanta o problema, para a instituição analítica, dos objetivos da análise em sua relação com os ideais da cidade, isto é, com a distribuição dos bens. Já Freud, e Lacan depois dele, mostraram que o estabelecimento desses ideais "não resolve, no entanto, o problema da relação atual de cada homem (...) com seu próprio desejo (...) [que] deve permanecer numa relação fundamental com a morte".[55] A questão da morte, que está na base da Instituição, implica a antinomia desta com o desejo que deve permanecer recalcado. É do recalcamento, aliás, que ela extrai parte de seu poder. Sempre em ação em toda idéia institucional está a instituição ideal, comparável ao grande teatro de Oklahoma, "que emprega todo o mundo e põe cada um no seu lugar".[56] A instituição ideal criaria a harmonia universal, instauraria o reino do amor numa relação com o outro regida sem discordância, véu perfeito do conflito, o que freqüentemente aparece sob a forma da idéia de que não há nenhum conflito que a instituição não possa resolver.[57] A essa opacidade máxima da instituição ideal corresponde o ideal de transparência: tudo pode ser mostrado, não há nada a esconder. Essa é, de fato, a máscara do "nada deve escapar ao olhar do Mestre", e nessa vertente podemos situar a fantasia benthamiana do Panóptico.

O que a instituição institui é precisamente o que a psicanálise tem que desfazer, ou, pelo menos, desvendar. E a história do movimento analítico oscila entre períodos de latência, onde se enfatiza a instituição guardiã e conservadora de uma mensagem cujo efeito manifesto é cada vez menos evidente,[58] e momentos de crise que são também épocas de fecundação, mas nos quais a instituição parece ficar em perigo. Não obstante, como lembra M. Safouan,[59] não podemos nos contentar em lavrar o atestado desiludido de uma contradição simples e sem saída entre a psicanálise e a instituição. Atestado desiludido e, na maioria das vezes, hipócrita, já que é em nome desse impasse que nos acomodamos com quase qualquer coisa. Não se trata de contestar a necessidade das instituições, que tanto Lacan quanto Freud quiseram. Elas têm no mínimo a função de conservação — própria de toda instituição. Foram também originalmente fundadas para assegurar a formação. O mínimo que podemos exigir é que só cumpram essa função interrogando-se sobre sua maneira de fazê-lo. Foi essa a questão que Lacan colocou à comunidade analítica em 1956. Esse texto célebre contém tanto uma crítica da teoria em ação, ou melhor, da falta de teoria, quanto do funcionamento da instituição. As duas estão ligadas, mas será que suspendendo a hipoteca de uma consertamos a outra? Em outras palavras, será que o avanço teórico pode permitir escapar às leis comuns da psicologia das massas? Em 1956, Lacan parecia pensar assim. O esperado era menos um produto da elaboração teórica do que um efeito da verdade no grupo. O retorno a Freud identificava-se, além disso, com a ênfase colocada no registro da verdade. Não obstante, essa instituição, disse-nos Lacan, era a que Freud tinha querido, ligada, acima de tudo, à conservação da mensagem, à "guarda de um núcleo de verdade".[60] O que não quer dizer que esta última fosse atuante, ali, mas sim, antes, que ficou reduzida à condição de letra morta. Nada criava empecilhos, assim, ao desencadeamento das leis do grupo. Lacan situou esse funcionamento na herança do modelo cristão, ou seja, do discurso do Mestre *up to date* [atualizado].

Essa instituição só admitia um estatuto, essa hierarquia dispunha apenas de um grau, que Lacan designou como "Suficiência".[61] Paradoxalmente, Lacan não questionou que se fizesse psicanálise — sem saber disso —, mas que essa transmissão se fizesse pelo sentimento, na impossibilidade de se pautar nas leis da fala. "As Suficiências (...) nada têm a se dizer", e sua reprodução se dava segundo a via do imaginário.[62] A fala das Suficiências era delegada às Beatitudes, Suficiências em devir, cujo silêncio tornava-se, por conseguinte, o ideal. As Beatitudes, tal como os Bem-Necessários, eram categorias intermediárias de um grupo que só comportava duas categorias fundamentais e perfeitamente silenciosas: as Suficiências e os Constrangimentos. E o que reinava, portanto, era a lei do Silêncio. E Lacan espera, do que a fala acarreta de verdade, uma subversão do funcionamento do grupo. A "Lei não escrita em que a associação se baseia" é que não se deve "perturbar as Beatitudes".[63] Não despertá-las de seu sono dogmático! Lacan mostrou, nesse mesmo texto, que o apodrecimento da instituição não era estranho à vontade que presidira sua fundação por Freud. Havia a necessidade de um luto, para que, finalmente transformado em Outro, a fala capaz de sustentá-la pudesse ser trazida à vida. Isso não seria estranho ao luto necessário de um pai que não podemos enterrar por estarmos presos na confusão de seu assassinato. Mais uma vez, a instituição marcou com clareza seu assujeitamento ao significante da morte.

No fundo, para Lacan, o erro de Freud foi ter pensado que a organização da comunidade poderia garantir sozinha a transmissão, em contraste com a insuficiência de sua "faixa". Era lógico que, alguns anos depois, por intermédio do retorno a Freud, tendo a verdade recuperado seus direitos, ela pudesse assegurar à instituição um outro fundamento.

Em 1964, Lacan pôde pôr à prova o que havia problematizado em 1956. Assumiu plenamente seu ato — "eu fundo" — e sustentou, mais tarde, que o ato no sentido forte do termo — o que está em jogo no que ele viria a chamar de ato analítico — encontra um de seus melhores exemplos num ato de fundação, devido à referência ao Real implicado pelo ato. Em seu texto de fundação, podemos notar simplesmente que a ênfase foi colocada no trabalho que deveria ser feito por meio do cartel ali denominado de grupo.[64] Quatro pessoas mais uma, tal era a célula grupal básica que deveria fazer fracasar o funcionamento do tipo psicologia das massas. Como esta se prende à função do chefe, tal como o evidenciara Freud, foi essa função que o cartel problematizou: "MAIS UM encarregado da seleção, da discussão e da saída a ser reservada para o trabalho de cada um."[65] O *mais um* representava a função do heterogêneo necessário à sustentação de um grupo, aquele que se sustenta em seu limite e que garante sua coesão. Que a coesão não seja cola explica, sem dúvida, que Lacan, por um lado, tenha deixado numa certa imprecisão a encarnação desse *mais um*, e, por outro, tenha pedido que a permutação com "retorno possível às fileiras" pusesse em xeque a constituição de novas chefias. Vemos perfeitamente o erro que haveria em agrupar os *mais um*, o que reconduziria a nada menos do que o exército, e ao empilhamento das subestruturas piramidais observadas por Freud. Se o sistema transferencial, assegurado pela permanência do sujeito suposto saber, mas que produz a cola do grupo, é colocado em xeque, o que irá assegurar sua coerência? Lacan propôs o termo *transferência de trabalho*, que permaneceu particularmente problemático. O lugar do próprio Lacan ficou, em sua instituição, também inevitavelmente problemático. É certo que, ao fundar a Escola, Lacan achou que seria possível um vínculo social de tipo diferente do vínculo grupal habitual, um vínculo social novo. Esse novo vínculo social era, sem dúvida, o discurso analítico. Seria pensável generalizá-lo à altura de um grupo? Existem indícios que testemunham a ambição do projeto: a referência feita à sociedade dos mestres no sentido antigo do termo,[66] assim como a referência helênica à noção de Escola, lugar capaz de constituir uma certa proteção frente ao Mal-estar da cultura.

Da mesma forma, as castas caíram em desgraça: o didata passou a não mais ser designado pela instituição, mas pelo efeito didático de uma análise levada a seu término. Não entraremos em detalhes sobre esses pontos,[67] mas nos deteremos no que foi a inovação fundamental: *o analista só se autoriza por si mesmo*, o que distinguia a instituição do analista da instituição analítica, e os separava.

Esse *autorizar-se* não é reflexivo, não remete ao si mesmo imaginário do espelho. Se assim fosse, a fórmula seria perfeitamente idêntica à que prescrevia autorizar-se por um outro. Lacan sublinha perfeitamente a estranheza dessa situação: "Que ele mesmo seja aquele que o institui."[68] Aí está a primeira instituição. O analista tampouco continua a se autorizar, além disso, por um saber que não o do sujeito suposto saber, sendo este *destituído* nesse momento da análise. O *se autoriza* remete a um ato, o ato psicanalítico; aquele que o inconsciente coloca. Porque, do mesmo modo, o *se autorizar* deve ser entendido como o ato que autoriza a possibilidade da análise.

Há uma correlação entre o "se autorizar" e o "eu fundo". Ao "tão só" do "eu fundo", que não é a expressão de um isolamento, mas a da solidão necessária do ato, corresponde o "não totalmente só" da relação do "autorizar-se" com a instituição. A função de ordenação, aquilo que se fazia nas sociedades analíticas anteriores, era feita para mascarar esse salto do *autorizar-se;* "enquanto essa interrogação efetivamente não se der, não poderemos dizer o que quer que seja além do que não se diz em parte alguma, porque, da verdade, *é impossível falar inteiramente só.*"[69] Para sustentar essa interrogação, chamada a fundar retroativamente a Escola e a reintroduzir a análise no cerne da instituição. Lacan propôs o *Passe.*[70] Nesse sentido, este condensava um momento instituidor e um momento da análise, faceta dupla de um ato cuja função instituidora Lacan quis reconhecer, inscrevendo-a num procedimento institucional.

A experiência do passe levaria Lacan a constatar seu fracasso. A constatação foi feita em diversos momentos. Em cada um desses momentos, a instituição se afigurou deficiente, como se o passe nunca tivesse encontrado uma instituição à sua altura. Assim, em 1975, foi sob o júri de aprovação que incidiu a crítica, segundo uma fórmula que denunciou o funcionamento da psicologia das massas na Escola, e que expôs o paradoxo próprio do sistema democrático: "Não há nada que seja tão impressionante quanto isto — se vocês mandam eleger um júri qualquer, se mandam votar, votar pelo voto secreto, o que sai é o nome de pessoas já perfeitamente bem situadas. A massa quer líderes. Já é uma felicidade quando ela não quer um só. Então, a massa que quer líderes elege líderes que já estão ali pelo funcionamento das coisas."[71] A isso ele acrescentou, falando do passante, que o passe se transformara num "outro modo de seleção". Comentou também os efeitos desse desvio, com o fracasso de um passante fazendo-o sentir-se "desamado", "depreciado". Ratificou-se assim o fato de que o passe havia recaído nos defeitos habituais do grupo. Essa constatação de fracasso seria definitiva em Deauville, em 1978, e encontraria sua conclusão pouco depois, na dissolução da Escola.

O passe malogrou, portanto, na tentativa de modificar o mando institucional. Mesmo assim, a Escola se sustentou com a falta que o ensino de Lacan mantinha. Com sua última palavra, desfez-se o que a sustentava. A dissolução veio concluir definitivamente o que o ato de fundação havia inaugurado. Sua enunciação já não estava ali para sustentar a psicanálise. "Transformado em Outro", ele é hoje necessariamente identificado com a soma de seus enunciados.[72]

A instituição sempre se confronta com o problema da gestão do significante colocado no ponto de origem. Cada analista instituído na IPA pautava sua relação com a instituição pela referência ao término de sua análise. Este era descrito em termos de incorporação. O que não deixa de evocar o banquete totêmico, que obriga a um funcionamento organizado de conservação dentro da fratria e deságua na burocracia. Inversamente, uma concepção do término da análise pautada na separação, na exclusão, com a figura encarnada do pai, gera um grupo que só pode sobreviver enquanto essa figura o garante.

Ao término desse percurso, realmente parece verificar-se como a instituição se mantém por uma comunhão imaginária. Ela pode servir ao analista como apoio imaginário diante daquilo que seu ato desvenda. Na verdade, o real em jogo na análise não pode estabelecer vínculos. Diante desse impossível, um dos derivados é o risco de que a análise já não sirva senão para legitimar a empresa institucional. A análise transforma-se então numa iniciação onde o saber que está em jogo é de outra natureza; sua transmissão é assegurada pelo gozo.

Que poderia ser uma instituição para os analistas? A investida de Lacan sobre a análise didática impõe pelo menos um deslocamento da origem daquilo que pode formar um vínculo na instituição. O *autorizar-se* deve ficar na vertente do instituidor, e não do instituído. Aquilo a que chamamos abertura de uma instituição de fato se encena inteiramente na relação com aquilo que a funda e, ao mesmo tempo, com o que ela situa como um exterior. Um caminho, sem dúvida, é sair da alternativa entre a perseguição pelo objeto externo e sua anexação por proselitismo. O real da instituição não deve ser a terra estrangeira a ser colonizada, e, nesse caso, o risco é reencontrar o perseguidor do lado de fora. A lição de Freud é que a origem pode e deve ser interrogada, no semidito do mito, que é possível encontrar uma resposta particular a cada vez.

Para cada analista, a origem é o *autorizar-se* como emergência de um desejo Outro. Para que esse ponto não seja rebaixado ao que toda instituição instaura de fato como demanda, é preciso abrir nela a possibilidade de uma falta, de uma falha que esse ato desvele em seu momento instituidor. Um lugar para que a cada vez o instituidor subverta o instituído. Em outras palavras, não obliterar a repetição necessária de um ato[73] que deve permanecer inaugural, e do qual cada um tem que prestar contas mais do que de uma vez por todas. O desafio pode ser a manutenção de uma abertura inscrita no próprio corpo da instituição, que, desvelando o lugar de seu fim possível, permita que ela viva.

PATRICK GUYOMARD
ALAIN VANIER

Notas

Prefácio (pp. 7 a 24)

1. Parte deste livro foi tema de debates durante as Jornadas de Estudos organizadas pelo Centro de Formação e Pesquisas Psicanalíticas.
2. Cf. Theodor Reik, *Le Psychologue surpris*, Denoël, 1976.
3. Posição que retomamos à nossa maneira nas estruturas instauradas no CFRP.
4. Cf. J. Lacan, *Écrits*, Seuil, 1966, pp. 358-359.
5. Cf. J. Lacan, *Allocution prononcée pour la clôture du Congrès de l'École Freudienne de Paris*, in *Scilicet* 2/3, Seuil, pp. 396-397.
6. Cf. J. Lacan, *Le Mythe individuel du névrosé*, CDU, 1953.
7. Cf. Janet Schumacher Finell, "Narcissistic Problems in Analysts", *International Journal of Psychoanalysis*, 1985, 66, pp. 431-447.
8. Harry Guntrip, "Mon Expérience de l'Analyse avec Fairbairn et Winnicott", in *Nouvelle Revue de Psychanalyse*, n. 15, Gallimard, 1977. Cf. também a p. 95 deste livro.
9. Cf. Janet Schumacher Finell, op. cit.
10. Cf. S. Freud, *Correspondance*, carta de 15 de novembro de 1899 a Heinrich Gomperz, Gallimard, pp. 254-255. Citada e desenvolvida por W. Granoff em *Filiations*, Minuit, 1975, pp. 129, 216 e 217. "Se o senhor quiser aplicar também à sua vida interior o inexorável amor à verdade dos filósofos, ficarei muito satisfeito em desempenhar a seu lado o papel do *outro* no decorrer do trabalho."
11. Definido como Outro por Lacan, mas já situado como tal por Freud numa carta a Jung (2 de setembro de 1907), onde ele o chama de "o Outro, o Segundo": "Mais vale para a psicanálise que ao menos uma parte da resistência que se faria contra mim seja poupada a você, o Outro, o Segundo." *Correspondance Sigmund Freud-C.G. Jung*, Gallimard, p. 185.
12. Cf. J. Lacan, *Le Mythe individuel du névrosé*, op. cit.
13. Na relação transferencial, dá-se que a figura do pai se desdobra e o pai morto é substituído (na realidade ou no plano imaginário) por relações mais fraternas com uma outra imagem paterna. A luta de puro prestígio, que permaneceu enigmática na teoria hegeliana, esclarece-se

em Freud (e Lacan) com a ênfase colocada no peso da morte imaginária que encontramos na base de todo drama edipiano (e, por extensão, na base de todas as formações do neurótico). É essa atitude existencial que encontramos, num dado momento, em toda relação transferencial no curso de uma análise.

14. Cf. J. Lacan, *Les Formations de l'inconscient*, seminário de 1957-1958, sinopse de J.-B. Pontalis.

15. Cf. J. Lacan, *Écrits*, op. cit., p. 534.

16. Cf. Theodor Reik, *Écouter avec la troisième oreille*, Denoël, 1976, p. 28 (publicado em inglês em 1948).

17. Cf. Rosemary H. Balsam, "A Special Transference: the Perfect Patient", in *Psychoanalytic Study of the Child*, vol. 39, 1984.

18. A voz melodiosa era a de uma mãe designada como "perfeita", correspondente à estrutura do *falso self* descrita por Winnicott. A voz desarmônica, a analista designou-a como a voz que provinha do eu "repudiado" da paciente, aparentada com um universo demoníaco e feroz.

19. Cf. J. Lacan, seminário de 20 de novembro de 1957 (inédito).

20. Cf. Pierre Fedida, *L'Absence*, Gallimard, 1978, p. 10.

21. Jorge de Gregorio, *Apresentação Clínica no Simpósio de Intercâmbios Clínicos Espontâneos*, organizado pela Fundação Freudiana Internacional, Paris, 27-28-29 de junho de 1986.

22. Intervenção de Michel de M'Uzan no Congresso da Fundação Freudiana Internacional, junho de 1986, Paris. M'Uzan defendeu o ponto de vista de que *não se deve tocar no sintoma em psicanálise*. Se é verdade que uma análise deve ir *além* do sintoma (pois um sintoma pode ser substituído por outro), é também verdade que a cura vem como um acréscimo. O analista, portanto, tem que se distinguir de uma postura médica, a fim de levar em conta a fala do paciente.

23. Durante o exame de uma paciente afetada por uma colopatia funcional, André Paraf procurou restabelecer o *contexto* em que a doença havia ocorrido. O que a paciente guardara de "atado" como fala em suas somatizações dizia respeito a suas angústias a propósito de um filho drogado. Foi quando da cura deste que a paciente consultou sucessivamente um oftalmologista, por "distúrbios oculares", e, finalmente, um gastroenterologista, que, longe de se precipitar em exames traumatizantes, primeiro fez com que aquilo que a paciente retinha (como as fezes) "falasse".

24. R.P. Knight, "Conditions Sexuelles de la Psychanalyse aux États-Unis", *Journal of the American Psychoanalytic Association*, abril de 1953, I, n. 2, pp. 197-221, citado por J. Lacan in *Écrits*, op. cit., p. 356.

25. Cf. J. Lacan, *Écrits*, op. cit., p. 362.

26. Cf. J. Lacan, *O Seminário*, livro 1, *Os escritos técnicos de Freud*, Rio, Jorge Zahar, 3ª ed., 1986, p. 305.

27. Melanie Klein, fazendo o imaginário e o real interagirem a partir daí, sabia levar em conta uma recusa do sujeito, recusa esta que ela situava como necessária à emergência de uma fala verdadeira.

28. Cf. J. Lacan, seminário de 1953-1954, *Os escritos técnicos de Freud*, notas pessoais.

29. Cf. J. Lacan, *Écrits*, op. cit., p. 82.
30. Cf. J. Lacan, *Les Formations de l'inconscient* (1957-1958), sinopse de J.-B. Pontalis.
31. Cf. J. Lacan, ibid.
32. Cf. J. Lacan, *Écrits*, op. cit., p. 419.
33. Ibid., p. 434.
34. Fundação Freudiana Internacional, junho de 1986, Paris.
35. Cf. Pierre Fedida, *L'Absence*, op. cit.
36. Desenvolvido por Otave Mannoni em *Un Commencement qui n'en finit pas*, Seuil, 1980.
37. As Jornadas da Fundação Freudiana Internacional (1986) foram, como vimos, a ilustração daquilo em que a análise pode se transformar quando se vê puxada para o lado da objetivação psicologizante e da garantia de um saber médico.
38. S. Freud, "Observations sur l'Amour de Transfert" (1915), in *De la technique psychanalytique*, PUF, p. 119 ["Observações sobre o Amor Transferencial (Novas Recomendações sobre a Técnica da Psicanálise, III)", *E.S.B.* vol. XII].
39. Intervenção de Octave Mannoni no Seminário 1, 20/1/1954, não retomada por Jacques-Alain Miller na edição da Seuil.
40. Cf. J. Lacan, Seminário 1, 27/1/1954 (inédito). Em 3 de fevereiro de 1954, Lacan insistiu no fato de que o primeiro núcleo do recalcado constitui o centro de atração que chama para si todos os recalcamentos posteriores.
41. Situado por Lacan na junção do desejo com o real, como núcleo da ética.
42. Cf. Bernard Sichère, *Le Moment lacanien*, Grasset, 1983, pp. 174, 186, 187, 188 e 190.
43. Cf. S. Freud, "La Morale Sexuelle Civilisée" (1908) e "Pour Introduire le Narcissisme" (1914), in *La Vie Sexuelle*, PUF ["Moral Sexual 'Civilizada' e Doença Nervosa Moderna", *E.S.B.*, vol. IX, e "Sobre o Narcisismo: Introdução", *E.S.B.*, vol. XIV].
44. Cf. J. Lacan, *Écrits*, op. cit., pp. 423, 671.
45. Cf. J. Lacan, Seminário 1959-1960, *L'Éthique de la psychanalyse* (inédito).
46. A descendência da união incestuosa desdobrou-se em dois irmãos, um que representava a potência, e outro, o crime. Pois bem, não houve ninguém para assumir o crime e sua validade, a não ser Antígona. De fato, esta escolheu ser, pura e simplesmente, a guardiã do ser do criminoso como tal (resumo estabelecido por L. Beirnaert para o seminário de 1959-1960).
47. Ibid., notas do seminário de 1959-1960 estabelecidas por L. Beirnaert.

Capítulo 1 (pp. 25 a 52)

1. Abram Kardiner, *Mon Analyse avec Freud*, Belfond, 1978, pp. 12, 96, 125.

2. Cf. S. Freud, "Perspectives d'Avenir de la Thérapeutique Analytique", in *La Technique Psychanalytique*, PUF, 1953, pp. 23-34 ["Perspectivas Futuras da Terapia Psicanalítica", *E.S.B.*, vol. XI, Rio, Imago].
3. François Roustang, *Un Destin si funeste*, Ed. Minuit, 1977, pp. 134-135.
4. Conrad Stein, "Le Secteur Réservé du Transfert", texto de 1968 reproduzido in *La Mort d'Oedipe*, Denoël, 1977.
5. Cf. S. Ferenczi, *Psychanalyse III*, Payot, p. 231.
6. Sabemos como Freud permaneceu surdo aos indícios da transferência presentes no sonho de Dora. Só depois é que ele compreendeu a maneira como um sujeito, desde antes de sua entrada em análise, já se apresenta numa fantasia. No caso presente, um cenário montado, papéis a serem distribuídos e a porta que Dora não deixaria de usar se o cenário montado tivesse que permanecer inalterado — pois o que estava em jogo para Dora, desde longa data, era que o silêncio mentiroso dos adultos não lhe deixava outra escolha senão o *acting out.*

   Com relação a Serguei Pankejeff, Freud, ao precipitar o término da análise, agiu em oposição aos conselhos que dava. Apressou a maneira que o obsessivo tem de introduzir o tempo morto de sua neurose para se defender da transferência. Foi ao pai imaginário que o paciente se agarrou desde quando ficou em análise, acentuando com isso o lado simbiótico do vínculo transferencial. Ante a ameaça de separação, Serguei Pankejeff respondeu fazendo de Freud parte dele mesmo, e assim o guardando para sempre.
7. Paul Roazen, *Political and Social Thought*, Hogarth Press, 1969, p. 92, trad. franc. *La Pensée politique et sociale de Freud*, ed. Complexe, 1976.
8. Cf. Michael Balint, "Changing the Therapeutical Aims and Techniques in Psychoanalysis", *Int. J. Psa.*, 31, pp. 117-124.
9. Cf. S. Freud, *Introduction à la psychanalyse*, Petite Bibliothèque Payot [Conferências introdutórias sobre psicanálise, *E.S.B.*, vol. XVI].
10. Leo Rangell, "The Ending of an Analysis", in *Psychoanalysis in the Americas*, org. Robert E. Litman, Ial University Press, Nova York, 1966, p. 149.
11. Cf. J. Lacan, seminário de 17-2-1954 (inédito) (a propósito de M. Klein, "L'Importance de la Formation du Symbole dans le Développement du Moi", 1930, in *Essais de psychanalyse*, Payot, 1968, pp. 263-278.
12. Cf. S. Freud, *Études sur l'hystérie*, PUF [*Estudos sobre a histeria, E.S.B.*, vol. II].
13. M. Balint, op. cit.
14. Octave Mannoni, por seu turno, já insistiu no bilingüismo da psicanálise. O paciente fala na língua de todo o mundo, língua esta que o psiquiatra (mas poderíamos dizer o mesmo do analista) não ouve, uma vez que o paciente se torna objeto de seu saber. Quanto ao matema, ele é uma construção que procura resolutamente evitar qualquer bilingüismo. O risco, no entanto, é o de ficar, por causa disso, em busca de uma unidade imaginária, esquecendo que a descoberta freudiana se fundamenta numa divisão inaugural. Muito curiosamente, por intermédio do matema, deslizamos para o lado do simbolismo, deixando escapar o real do sujeito. Encontramos, por uma preocupação de cientificidade, um real que fala so-

zinho, baseado no modelo da psicose. Mas Freud soube fazer a psicose falar onde outros procuraram suturar o discurso psicótico com um rigor lógico. Um rigor lógico, aliás, qualificado de psicótico pelo próprio Lacan... Alguns alunos de Lacan, retendo apenas o lado formal de uma teorização, deixaram escapar o contexto em que essa teorização se deu. Fascinados pelo aspecto triunfante de uma formalização teórica, deixaram assim escapar o verbo, a errância e a divisão, sem os quais, no entanto, não há análise possível. E se esqueceram, com isso, de que a análise não é uma ciência, mas uma prática.

15. Cf. Th. Benedek, "Training Analysis, Past, Present and Future", *Int. J. Psa.*, 1969, 50, parte 4.
16. Adam Limentani, "L'Analyste Didacticien et les Difficultés Rencontrées dans l'Analyse de Formation", *Nlle. Revue de Psa.*, n. 8, Gallimard, pp. 224-234.
17. M. Balint, "On the Psychoanalytic Training System", *Int. J. Psa.*, 1948, vol. XXIX, parte III, pp. 162-173.
18. S. Freud, "Les Voies Nouvelles de la Thérapeutique Analytique", in *La Technique Psychanalytique*, PUF, 1953, pp. 131-141 ["Linhas de Progresso na Terapia Psicanalítica", *E.S.B.*, vol. XVII].
19. Cf. M. Safouan, *L'Échec du principe du plaisir*, Seuil, 1979, pp. 94-104.
20. Cf. Willy Baranger, "Contradictions entre la Théorie et la Technique en Psychanalyse", *Topique*, n. 3, PUF, p. 18.
21. Cf. Donald Meltzer, *The Psychoanalytical Process*, Heinemann, Londres, 1967, pp. 32-33.
22. Cf. Piera Aulagnier, "Le Désir de Savoir", in *L'Inconscient*, n. 1, PUF.
23. J. Lacan, semináro de 3-2-1972 (inédito), Sainte-Anne.
24. J. Lacan, seminário de 1-6-1972 (inédito), Sainte-Anne.
25. Sabemos que a fantasia pode funcionar como uma tela e que é próprio da neurose e da perversão evitar a castração por intermédio da fantasia, seja fixando-se nela, resguardado do outro, seja realizando a referida fantasia.
26. J. Lacan, seminário XXIV, de 16-11-1976 (inédito).
27. J. Lacan, seminário XXIII, de 13-4-1976 (inédito).
28. Textos não revistos pelos autores.

Capítulo 2 (pp. 53 a 80)

1. S. Freud, "Constructions dans l'Analyse", in *Résultats, Idées, Problèmes II*, PUF, 1985 ["Construções em Análise", *E.S.B.*, vol. XXIII].
2. Cf. Guy Rosolato, *Essais sur le symbolique*, Gallimard, 1969, pp. 309-310.
3. J. Lacan, Seminário, livro IV, *La Relation d'objet et les structures freudiennes*, seminários de 9, 16 e 23 de janeiro de 1957 (inédito).
4. S. Freud, "Construções em Análise", op cit.
5. O alucinado traz referenciais que o próprio analista tem que levar em conta em sua prática (referenciais que dizem respeito, entre outras coisas, à posição do corpo no espaço em relação ao olhar e à zona auditiva,

zona auditiva esta que remete também, no caso do presidente Schreber, à questão das trocas concernentes à zona anal e à diferença entre os sexos).

6. Cf. Madeleine Baranger, Willy Baranger e Jorge Mom, "Process and Non-Process in Analytic Work", *Int. J. Psa.*, vol. 64, 1983, parte I, pp. 1-17.
7. Leon Grinberg e Juan Francisco Rodriguez, "The Influence of Cervantes on the Future Creator of Psychoanalysis", *Int. J. Psa.*, 1984, vol. 65, parte 2, pp. 156-168.
8. Freud, *Correspondance*, Gallimard, cartas de 22 e 23 de agosto de 1883, 8 de setembro de 1883, 7 de fevereiro de 1884, 17 de novembro de 1884, 28 de abril de 1884 e 20 de junho de 1885.
9. Cervantes, *Don Quichotte, Nouvelles Exemplaires*, Gallimard, col. La Pléiade.
10. Cervantes, ibid., pp. 1461-1535.
11. Cf. também Octave Mannoni, *Un Commencement qui n'en finit pas*, Seuil, pp. 173-174.
12. Cf. Octave Mannoni, *Freud*, Seuil, col. Écrivains de Toujours, 1968, pp. 32-33 [*Freud e a psicanálise*, Ed. Rio, 1976].
13. S. Freud, *La Question de l'analyse profane*, prefácio de J.-B. Pontalis, Gallimard, 1985, col. Connaissance de l'Inconscient [Pós-escrito a "A Questão da Análise Leiga", *E.S.B.*, vol. XX].
14. S. Freud, "Personnages Psychopathiques à la Scène", in *Résultats, Idées, Problèmes I*, PUF, 1984, pp. 123-130, artigo publicado em inglês em 1942 ["Personagens Psicopáticos no Palco", *E.S.B.*, vol. VII].
15. S. Freud, "Les Psychonévroses de Défense", in *Névrose, Psychose et Perversion*, PUF, 1973, pp. 1-14 ["As Neuropsicoses de Defesa", *E.S.B.*, III]. Numa nota acrescentada exclusivamente à edição inglesa de 1924, Freud recapitulou a maneira como, no início de sua prática analítica, havia cometido o erro de confundir as fantasias de seus pacientes a respeito dos anos da infância com a lembrança real que eles haviam guardado dessa época.
16. Texto publicado em 1911 na *Standard Edition*, XII, p. 218 [*E.S.B.*, vol. XII, p. 277]. Traduzido do alemão (*G.W.*, VIII, pp. 230-238) por Claude Conté, documentos da Escola Freudiana de Paris.
17. Octave Mannoni, *Freud*, op. cit., p. 150.
18. Freud, "Les Théories Sexuelles Infantiles" (1908), in *La Vie Sexuelle*, PUF, p. 19 ["Sobre as Teorias Sexuais Infantis", *E.S.B.*, vol. IX].
19. M. Klein, *Essais de psychanalyse*, Payot, 1967, pp. 66, 68, 72, 140 [*Contribuições à psicanálise*, Mestre Jou, 1970], reproduzido por J.-B. Pontalis in *Entre le rêve et la douleur*, Gallimard, 1977, pp. 117-128.
20. S. Ferenczi, "Confusion de Langues entre les Adultes et l'Enfant", in *Psychanalyse IV*, Payot, pp. 125-139.
21. Cf. Evelyne Schwaber, "A Particular Perspective on Analytic Listening", in *Psychoanalytic Study of the Child*, vol. 38, pp. 519-547. A propósito do artigo de W.A. Myers, "Micropsia and Testicular Retractions", 1977, *Psychoanalytic Q.*, 46, pp. 580-604.
22. Cf. J.-B. Pontalis, *Entre le rêve et la douleur*, op. cit., pp. 223-241.

23. S. Freud, "L'Humour", *Imago*, 1928, vol. XIV, fasc. I, reproduzido in *Le Mot d'esprit et se rapports avec l'inconscient*, Gallimard, col. Idées, pp. 400-408 ["O Humor", *E.S.B.*, vol. XXI].
24. S. Freud, "La Création Littéraire et le Rêve Éveillé" (1908), in *Essais de psychanalyse appliquée*, Gallimard, col. Idées, pp. 400-408 ["O Autor Literário e o Devaneio", *E.S.B.*, vol. IX].
25. S. Freud, "Conseils aux Médicins" (1908), in *La Technique psychanalytique*, PUF, pp. 61-72 ["Recomendações aos Médicos que Exercem a Psicanálise", *E.S.B.*, vol. XII].
26. J. Lacan, *O Seminário*, livro 1, *Os escritos técnicos de Freud*, Rio, Jorge Zahar, 3ª ed., 1986.
27. Masud Khan, *Le Soi caché*, Gallimard, 1976, pp. 149-167.
28. Cf. J. Lacan, "La Chose Freudienne" (1955), in *Écrits*, Seuil, 1966, p. 435.
29. André Green, "Travail Psychique et Travail de la Pensée", *Revue Fse. de Psychanalyse*, março-abril de 1982, pp. 419-427.
30. S. Freud, *Cinq psychanalyses*, PUF, pp. 184-187 ["Análise de uma Fobia num Menino de Cinco Anos", *E.S.B.*, vol XIX].
31. J. Lacan, *O Seminário*, livro 1, *Os escritos técnicos de Freud*, Rio Jorge Zahar, 3ª ed,. 1986, p. 317.
32. D.W. Winnicott, *Jeu et réalité*, Gallimard, 1975, pp. 81, 98-99 [*O brincar e a realidade*, Imago, 1975].
33. Ibid., pp. 72-76.
34. Freud, "L'Inquiétante Étrangeté", in *Essais de psychanalyse appliquée*, Gallimard, col. Idées, pp. 163-210 ["O Estranho", *E.S.B.*, vol. XVII].
35. Cf. Bernard Rubin, *Freud and Hoffmann*. Françoise Meltzer, "The Uncanny Rendered Canny", in *Introducing Psychoanalytic Theory*, org. Sander L. Gilman, Brunner Mazel, Nova York, 1982.
36. *Les Contes d'Hoffmann*, edição integral sob a direção de A. Béguin, Les Libraires Associés, pp. 274-275.
37. Filha de Spallanzani, seu professor de física, esta revelou ser uma boneca automática fabricada pelo professor. Nataniel, num dado momento, abandonara Clara por Olympia, a quem sonhava desposar.
38. Coppola era um vendedor ambulante que foi visitar Nataniel, estudante, num dia 3 de outubro ao meio-dia, deixando-o, após sua partida, completamente confuso: sob os traços de Coppola Nataniel acreditou reconhecer, aterrorizado, o rosto apavorante do homem de areia que atormentara sua infância.
39. Duas articulações aparecem no fantástico que o invade:
— o homem de areia-Coppelius-Coppela-o pai, sob os traços diabólicos do mestre;
— a mãe (negando qualquer realidade ao homem de areia) — Clara (alma de gelo) — Olympia, boneca automática-Nataniel, menino, cujas articulações do corpo Coppelius fez com que estalassem até o desmaio.
40. Ibid., p. 250 [da edição francesa]: "Creio descobrir por toda parte rostos humanos, mas desprovidos de olhos: no lugar deles, cavidades medonhas, negras, profundas. 'Os olhos, depressa, os olhos!', gritou Coppelius com uma voz a um tempo surda e trovejante. Tomado de um horror indizível, soltei um grito agudo e caí de meu esconderijo no chão. Então Coppelius me agarrou: 'Animalzinho! animalzinho!',

gritou, rangendo os dentes; levantou-me e me estendeu sobre a lareira de tal modo que as chamas começaram a queimar meus cabelos. 'Muito bem, vejamos os olhos, os olhos, um belo par de olhos de menino!' Assim resmungou Coppelius, e, do meio das chamas, retirou com as mãos carvões em brasa, que queria atirar-me nos olhos. Meu pai ergueu então as mãos suplicantes e gritou: 'Mestre! Mestre! deixe os olhos de meu Nataniel, deixe-os com ele!' Coppelius soltou uma gargalhada estridente e exclamou: 'Pois que seja, que esse fedelho conserve seus olhos para chorar sua lição nesse mundo abjeto; mas pelo menos vamos observar bem, agora, o mecanismo das mãos e dos pés...' Mas tudo se tornou vago e obscuro a meu redor: uma convulsão súbita agitou meus nervos e até meus ossos; depois, não senti mais nada. Um sopro doce e cálido deslizou sobre meu rosto: saí como que de uma letargia; minha mãe estava debruçada sobre mim. 'O homem de areia ainda está aí?', disse eu, gaguejando. 'Não, meu filhinho! Ele se foi há muito tempo, e não vai lhe fazer nenhum mal', respondeu mamãe, abraçando e afagando seu filho querido que voltara à vida."

41. Nataniel, num momento anterior de loucura, acreditara ter destruído Olympia (p. 271 [da edição francesa]): "Nataniel, indo à casa do Professor encontrar-se com Olympia, percebeu que ela não passava de uma boneca de cera que Spallanzani e o pavoroso Coppelius disputavam entre si. Nessa mulher a que os dois se agarravam, Nataniel reconheceu Olympia. No instante em que se precipitou para defendê-la, Coppola fugiu, carregando Olympia nos ombros. Petrificado, Nataniel viu que o rosto de Olympia era de cera e desprovido de olhos. Spallanzani, tomado de loucura, pediu a Nataniel que lhe trouxesse Olympia: 'Fui eu, eu! eu que fiz os olhos, eu que fiz as engrenagens...', berrou. 'Coppelius, ladrão infame! As engrenagens, o movimento, a fala! tudo me pertence! Os olhos... sim, roubei os olhos de você!' Em seguida, dirigindo-se a Nataniel, disse Spallanzani: 'Veja! Ali estão os olhos!' Nataniel viu então dois olhos ensangüentados que jaziam no chão e o encaravam fixamente... De repente, a loucura fincou em Nataniel suas garras ardentes e se apoderou de todo o seu ser... 'Hu! Hu! círculo de fogo! Roda, roda, boneca de madeira!' "
42. Cf. Sami Ali, *Corps réel, corps imaginaire*, Dunod, 1984, p. 37.
43. O crime cometido por Nataniel na infância, e do qual Coppelius foi testemunha, consistiu, convém lembrarmos, na transgressão da *proibição de olhar* seu pai dedicar-se em segredo, com Coppelius, a manipulações alquímicas, manipulações estas que depois acarretaram a morte do pai, uma morte que Nataniel havia jurado vingar. Essa imagem do pai foi decomposta por Freud em seus dois opostos:
    — aquele que salva os olhos,
    — o desejo da morte do pai, atingido pelo recalcamento.
44. J. Lacan, *O Seminário*, livro 11, *Os quatro conceitos fundamentais da psicanálise*, Rio, Jorge Zahar, 3ª ed., 1988, pp. 76 e 77.
45. Cf. Françoise Meltzer, "The Uncanny Rendered Canny", in *Introducing Psychoanalytic Theory*, org. Sander L. Gilman, Brunner Mazel, Nova York, 1982.

46. Cf. Sami Ali, *Corps réel, corps imaginaire*, op. cit., pp. 37-39.
47. O sentimento de estranheza não surge quando os limites entre a fantasia e a realidade não são abolidos. Estamos então no campo da ficção.
48. Transcrição não revista pelos autores.

Capítulo 3 (pp. 81 a 115)

1. J. Lacan, in *Scilicet* 6/7, Seuil, p. 10.
2. J. Lacan, *O Seminário*, livro 20, *Mais, ainda*, Jorge Zahar, 2ª ed., 1985, p. 52.
3. J. Lacan, *Écrits*, Seuil, 1966, p. 355.
4. S. Freud, "Conseils aux Médecins pour le Traitement Analytique", 1912, in *De la Technique psychanalytique*, PUF ["Recomendações aos Médicos que Exercem a Psicanálise", *E.S.B.*, vol. XII].
5. Sigmund Freud e Karl Abraham, *Correspondance*, Gallimard, col. Connaissance de l'Inconscient, carta de 19 de janeiro de 1908.
6. Thérèse Benedek, "Training Analysis", *Int. J. Psa.*, 50, pp. 437-447.
7. Exposto por T. Benedek (1927, congresso de Innsbruck, relatório de S. Rado, H. Sachs e H. Deutsch sobre a supervisão; 1935, congresso de Viena, relatório de H. Deutsch e I. Hermann; 1937, relatório de E. Bibring, ao qual foram acrescentados em seguida os relatórios de A. Freud e M. Eitingon).
8. S. Freud, *Análise terminável e interminável*, *E.S.B.*, vol. XXIII.
9. Edward Bibring, "Discussion on Control Analysis", in *Bulletin of Int. Psa. Ass.*, 1937, pp. 369-372.
10. Analista da Escola.
11. J. Lacan, seminário (1968-1969), *D'un autre à l'Autre* (inédito).
12. J. Lacan, seminário (1965-1966), *L'Objet de la psychanalyse* (inédito).
13. Th. Reik, *Listening with the Third Ear*, Garden City Books, N.Y., 1951. Trad. francesa, *Écouter avec la troisième oreille, l'Expérience intérieure d'un psychanalyste*, Denoël, 1976.
14. J. Lacan, *Écrits*, op. cit., p. 354.
15. M. Balint, "Changing Therapeutical Aims and Techniques in Psychoanalysis", *Int. J. Psa.*, 31, pp. 117-124.
16. Harry Guntrip, "Mon Expérience de l'Analyse avec Fairbairn et Winnicott", *Nouvelle Revue de Psychanalyse*, n. 15, Gallimard.
17. Leon Grinberg, "The Problems of Supervision in Psychoanalytic Education", *Int. J. Psa.*, 51, pp. 371-383.
18. Robert Barande, "Écoute Assistée et Sensibilisation au Processus Analytique", in *Études freudiennes*, n. 5 e 6, Denoël, pp. 169-181.
19. J. Lacan, Seminário XXI, *Les non-dupes errent*, seminário de 11 de junho de 1974 (inédito).
20. J. Lacan, Seminário XXII, *L'insu que sait de l'une-bévue s'aile à mourre*, seminário de 17 de maio de 1977 (inédito), *Vers un signifiant nouveau.*

21. J. Lacan, Seminário XXIII, *Le Sinthome*, seminário de 18 de novembro de 1975 (inédito).
22. J. Lacan, *Lettres de l'École Freudienne*, XVI, p. 194.
23. J. Lacan, Seminário XXIII, *Le Sinthome*, seminário de 13 de abril de 1976 (inédito).
24. Herbert A. Rosenfeld, *États psychotiques*, PUF, 1976, p. 299.
25. Rudolf Ekstein e Robert Wallerstein, *Teaching and Learning of Psychotherapy*, Nova York, International Univ. Press, 1972.

Capítulo 4 (pp. 117 a 134)

1. Freud, S., *La Question de l'analyse profane* (1926), col. Connaissance de l'Inconscient, Gallimard, p. 112 ["A Questão da Análise Leiga", *E.S.B.*, vol. XX].
2. Em 1908, por insistência de Abraham, Freud concordou em criar a Associação Internacional de Psicanálise. Tratava-se de defender "a causa". Em 1925, os analistas procuraram conferir-se regras comuns para a formação e a seleção de candidatos, confiadas a um grupo habilitado. O modelo fornecido como exemplo foi o Instituto de Berlim, criado em 1920 (ver *On forme des psychanalystes: l'Institut de Berlin 1920-1930*, prefácio de S. Freud, apresentação de F. Colonomos, Denoël, 1985). Essa formação seria posteriormente reservada aos candidatos que tivessem concluído um curso universitário (medicina, psicologia, ciências humanas, filosofia, ciências e literatura). Os psicanalistas seguiram os conselhos de Freud: são "cultos".
3. *Les premiers psychanalystes, Minutes de la Société Psychanalytique de Vienne*, vol. III, col. Connaissance de l'Inconscient, Gallimard, p. 282.
4. Cf. *Minutes IV*, Gallimard, p. 256.
5. Cf. *Minutes IV*, prefácio de Michel Schneider, op. cit.
6. *Minutes III*, Gallimard, p. 284.
7. S. Freud, *La Question de l'analyse profane*, seguida por *La Question en débat*, de Michel Schneider, Gallimard, 1985, p. 196.
8. José Bleger, *Psicohigiene y psicologia institucional*, Paidós, 1967, Buenos Aires.
9. J. Lacan, *Écrits*, Seuil, 1966, p. 435.
10. Platão, *Phèdre*, La Pléiade, vol. II, p. 31 (243-244): "... mas é fato que, dos bens que caem sobre nós, os maiores são os que nos vêem por meio de um delírio, do qual seguramente somos dotados por um dom divino."
11. Cf. Deluz, A., Gibello, B., Hébrard, J. e Mannoni, O., *La Crise d'adolescence*, Denoël, 1984. Jean Hébrard interessou-se pela aventura individual dos adolescentes que, na França, nos séculos XVIII e XIX, passaram de uma cultura popular para uma cultura douta. Mostrou que o adolescente que sabia ler precisou, num dado momento, encontrar uma "garantia" de sua leitura: ler, protegido do delírio, era aprender a se tornar criador do texto lido. Cada conquista se fez a partir de rupturas com os primeiros vínculos familiares. E teve lugar, na maioria dos casos, contra um fundo de ascese, censura e recalcamento.

12. Standard Edition, vol. XVIII, S. Freud, *Two Encyclopaedia Articles (1923): Psychoanalysis, The Libido Theory,* trad. franc. *Résultats, Idées, Problèmes II,* PUF, pp. 51-77 ["Dois Verbetes de Enciclopédia: 'Psicanálise' e 'Teoria da Libido'", *E.S.B.*, vol. XVIII].
13. S. Freud, *La Question de l'analyse profane,* op. cit., pp. 141-142.
14. J. Lacan, 1953, "Fonction et Champ de la Parole et du Langage", in *Écrits,* Seuil, 1966.
15. E. Glover, *The Birth of the Ego,* Londres, Allen & Unwin, 1968.
16. Cf. J. Lacan, *Scilicet,* I, Seuil, 1968, p. 26.
17. André Green, "L'Exercice de la Psychanalyse", in *Le Débat,* n. 32, nov. 1984, Gallimard, p. 132.
18. J. Lacan, "De la Psychanalyse dans ses Rapports avec la Réalité", in *Scilicet,* I, op. cit., pp. 51, 57, 59.
19. Ver p. 63 deste livro.
20. J. Lacan, *Écrits,* op. cit., p. 358.
21. D.W. Winnicott, *De la Pédiatrie à la psychanalyse,* Payot, 1969, pp. 205-213 [*Da pediatria à psicanálise,* Francisco Alves, 1978].
22. Ibid.
23. S. Freud, "Psychologie des Foules et Analyse du Moi", 1921, in *Essais de psychanalyse,* Payot, pp. 117-205 [*Psicologia das massas e análise do ego, E.S.B.*, vol. XVIII].
24. J. Lacan, *Écrits,* op. cit., p. 489.
25. Cf. André Green, *L'Exercice de la psychanalyse,* op. cit.
26. Cf. J. Lacan, *Écrits,* op. cit., p. 458.
27. Ver p. 101 deste livro.
28. J. Lacan, *Écrits,* op. cit., p. 458: "Todo retorno a Freud que forneça matéria para um ensino digno desse nome só se produzirá pelo caminho por onde a verdade mais oculta se manifesta nas revoluções da cultura. Esse caminho é a única formação que podemos pretender transmitir àqueles que nos seguem. Chama-se: um estilo."
29. Cf. Eugenio Gaddini (Roma), *Monografia n. 4 da Associação Psicanalítica Internacional,* p. 11.
30. Cf. Micheline Enriquez, "On Forme un Analyste", in *Nouvelle Revue de Psychanalyse,* n. 20, Gallimard.
31. Cf. Pierre Fedida, "A Propos du Retour à Freud", in *Nouvelle Revue de Psychanalyse,* n. 20, op. cit.
32. Anna Freud, "Difficulties in the Path of Psychoanalysis", 1969, in *Problems of Psychoanalytic Technique,* Nova York, Ial Univ. Press, 1972.
33. Cf. S. Freud, 1917, "A Difficulty in the Path of Psychoanalysis", *S.E.* XVII, pp. 135-144, trad. franc. in *Essais de psychanalyse appliquée,* Gallimard ["Uma Dificuldade da Psicanálise", *E.S.B.*, vol. XVII]; "The Resistances to Psychoanalysis", *S.E.* XIX, pp. 211-222, trad. franc. in *Résultats, Idées, Problèmes II,* op. cit., pp. 125-134 ["As Resistências à Psicanálise", *E.S.B.*, vol. XIX]; 1937, *Analysis Terminable and Interminable, S.E.* XXIII, pp. 209-253, in *Résultats, Idées, Problèmes II,* op. cit., pp. 231-268 [*Análise terminável e interminável, E.S.B.*, vol. XXIII].

34. Ver também Anna Freud, *Writings of Anna Freud*, vol. VII pp. 124-156, Ial Univ. Press, Nova York, 1972.
35. Cf. Pierre Fedida, "A Propos du Retour à Freud", op. cit.
36. E. Roudinesco, *Le Débat*, n. 32, pp. 136-140.
37. Micheline Enriquez, "On Forme un Analyste", op. cit., p. 267.
38. Micheline Enriquez, "On Forme...", op. cit., p. 267.
39. Cf. J. Lacan, "Communication à la Société Philosophique", 1957, publicado in *Écrits*, op. cit., sob o título de "La Psychanalyse et son Enseignement".
40. Cf. Maud Mannoni, *La Théorie comme fiction*, Seuil, 1979.

Capítulo 5 (pp. 135 a 151)

1. Patrick Casement, *On Learning from the Patient*, Tavistock Publ., 1985 [*Aprendendo com o paciente*, Rio, Imago, 1988].
2. Idéia que vamos reencontrar em Lacan em 1953. Cf. J. Lacan, *O Seminário*, livro 1, *Os escritos técnicos de Freud*, Rio, Jorge Zahar, 3ª ed., 1986, p. 218.
3. Robert S. Wallerstein, *Becoming a Psychoanalyst*, Nova York, Ial Univ. Press, 1981.
4. Cf. Michel Schneider, *Voleurs de mots*, Gallimard, 1985, p. 161. Sabemos da admiração que Freud tinha pelos escritores que o precederam ou que se aliaram a suas descobertas. Ver S. Freud, *Correspondance*, carta de 8 de maio de 1906, Gallimard, p. 270: "Muitas vezes me perguntei com assombro" (escreveu ele a Arthur Schnitzler) "de onde você extraía o conhecimento deste ou daquele ponto oculto, enquanto eu só o havia adquirido através de um trabalho penoso de investigação, e cheguei a invejar o escritor a quem já admirava."
5. Cf. Michel Scheneider, *Voleurs de mots*, op. cit., pp. 199, 202, 228.
6. J. Lacan, *O Seminário*, livro 1, *Os escritos técnicos de Freud*, op. cit., p. 67.
7. D. W. Winnicott, "La Haine dans le Contre-Transfert" (1947), in *De la Pédiatrie à la psychanalyse*, Payot [*Da pediatria à psicanálise*, Francisco Alves, 1978]. Cf. também Michel Schneider, opt. cit., pp. 234-235.
8. J.-M. Masson, *The Complete Letters of S. Freud to W. Fliess, 1887-1904*, Belknap, Harvard [*A correspondência completa de Sigmund Freud para Wilhelm Fliess, 1887-1904*, Rio, Imago, 1986]. Carta de 4 de outubro de 1899: "Você descreveu com exatidão o sentimento doloroso da separação de algo que foi muito pessoal. Deve ter sido isso o que tornou esse trabalho tão insípido para mim. Agora, gosto dele — não muito, é claro, mas bem mais. Ele chegou até a ser aflitivo para mim, pois tive que abrir mão não só de minha propriedade intelectual, mas também emocional..."
9. Robert S. Wallerstein, *Becoming a Psychoanalyst*, op. cit., Cf. também a resenha feita dessa obra (in *Int. J. Psa.*, vol. 66, parte 3, 1985) por Joseph W. Slap, pp. 383-388.
10. Citamos, entre outros, o *Projeto de San Francisco*, cuja ambição, dizem, foi oferecer um esquema que permitisse à Instituição analítica (à sua co-

missão de ensino) apreender os fenômenos fundamentais que se desenrolam numa análise e durante uma supervisão. Esse esquema se assenta em seis pontos: a análise do paciente, a compreensão que o analista tem dela, suas intervenções, a compreensão do supervisor quanto ao processo educativo, os efeitos desse ensino e a evidenciação do impacto dos ensinamentos do supervisor...

11. Cf. Pierre Fedida, "Technique Psychanalytique et Métapsychologie", in *Métapsychologie et Philosophie, IIIe. Rencontres psychanalytiques d'Aix-en-Provence,* 1984, Les Belles-Lettres, 1985, pp. 46, 48.

12. Cf. Sandor Ferenczi, "Élasticité de la Technique Analytique", in *Psychanalyse IV,* Payot, p. 59.

13. Emmanuel Peterfreund, *The Process of Psychoanalytic Therapy,* Nova Jersey e Londres, The Analytic Press, 1983.

14. R.R. Greenson, *The Technique and Practice of Psychoanalysis,* Nova York, Ial Univ. Press, 1967, pp. 143-145 [*A técnica e a prática de psicanálise,* Imago, 2 vols., 1981].

15. Peterfreund lembra que essa paciente de Greenson havia entrado em análise porque sofria de "sentimentos de estranheza". Sua infância fora marcada pelo alcoolismo da mãe (que se casou três vezes) e pelo abandono do pai, na ocasião em que a paciente tinha um ano e meio de idade. Aos quinze anos, fora posta para fora de casa, já que a mãe achava que, nessa idade, uma moça podia bastar a si mesma.

16. Heinz Kohut, *The Two Analyses of Mr. Z., Int. J. Psa.,* 1979, 60, 3-27, trad. franc. *Les Deux Analyses de M. Z.,* Navarin Édit., apresentação de Serge Cottet, 1986. Heinz Kohut explica nesse texto sua compreensão "clássica" do caso, cuja abordagem esteve sempre de acordo com a teoria. Sem dúvida, ele compreendeu os efeitos de "sugestão" que suas interpretações tiveram no paciente. Mas, ao mudar de teoria posteriormente, nem por isso se evidencia que ele tenha abandonado uma conduta mais próxima da sugestão que da análise. Pelo menos, ele pôde escrever *a posteriori*: "Minhas convicções teóricas, que faziam com que eu representasse para mim o material trazido pelo paciente em termos de pulsões infantis, tornaram-se para o paciente como que uma réplica da psicose oculta de sua mãe, de sua visão distorcida do mundo, que o paciente, quando menino, aceitara como realidade. Durante a sessão, o paciente aquiesceu a ponto de me apresentar saídas edipianas felizes."

    Na experiência analítica, o analista convida para a experiência comum da situação analítica suas próprias crenças, sua própria experiência de vida e suas identificações com o paciente. É isso que deve ser incessantemente interrogado. Ora, o analista pode muito bem ocultar essa interrogação necessária abrigando-se atrás de um "pré-fabricado" teórico, que lhe serve, por conseguinte, de proteção contra o paciente.

17. Cf. Sophie de Mijolla-Mellor, "Vérité ou Fantasmes de Vérité", in *Métapsychologie et Philosophie, IIIe. Rencontres psychanalytiques d'Aix-en-Provence,* 1984, Les Belles-Lettres, 1985.

18. Ibid., p. 167.

19. Sandor Ferenczi, *Oeuvres complètes,* vol. IV, Payot, p. 60.

20. Pierre Fedida, op. cit., p. 56.

21. Cf. Denis Vase, *Le Temps du désir,* Seuil, 1969, p. 61.

22. Jacques Lacan, "Propos sur la Causalité Psychique", 1946, in *Écrits*, Seuil, 1966, p. 178.
23. Octave Mannoni, "La Désidentification", in *Le Moi et l'Autre*, Denoël, col. L'Espace Analytique, 1984, pp. 59-95.
24. Cf. J. Lacan, "Au-delà du Principe de Réalité", 1936, in *Écrits*, op. cit., p. 82.
25. Preocupado com a "validade" da interpretação (tendência induzida por Bion, entre outros).
26. J. Lacan, "Propos sur la Causalité Psychique", 1946, in *Écrits*, op. cit., p. 166.
27. Cf. E. Peterfreund, op. cit., p. 167.
28. Ibid., p. 166.
29. Cf. W.R. Bion, *L'Attention et l'Interprétation*, Payot, 1974, p. 109 [*Atenção e interpretação*, Rio, Imago, 1973].
30. A neurose, ordenada em torno do eixo edipiano, vê-se confrontada com um modo de inscrição de uma cultura pré-edipiana. A figura da feminilidade, construída sobre um imaginário fusional, vem, de certa maneira, transtornar a ordem de uma sintaxe edipiana pontuada pela gramática do simbólico. Remete ao mundo de outrora — paraíso ou inferno materno —, onde, como sublinha Paul Laurent Assoun (*L'Entendement freudien*, Gallimard, 1984, p. 171), "tudo já teria sido jogado". Foi ao encontrar essa figura enigmática que Freud levantou a questão: "O que quer a mulher?", deixando numa parcela de indecifrável uma figura ligada a uma fala anterior às palavras.

Posfácio (pp. 152 a 173)

1. Agradecemos a Guy Lérès por sua leitura e seus comentários, que a redação final deste texto levou em conta.
2. J. Lacan, *O Seminário*, livro 7, *A ética da psicanálise*, Rio, Jorge Zahar, 1988, pp. 15 e 16: "Esse *Mal-estar na civilização* (...) não é, na obra de Freud, algo como algumas anotações (...) é uma obra essencial, primeira na compreensão do pensamento freudiano e a somação de sua experiência."
3. J. Lacan, "Sur l'Expérience de la Passe", *Ornicar?*, n. 12-13, p. 118.
4. Bertrand Badie, in *Nouvelle Histoire des idées politiques*, sob a orientação de Pascal Ory, Hachette, 1987, p. 18.
5. O *Moisés* de Freud, com sua bipartição entre o príncipe egípcio e o genro de Jetro, não deixa de ecoar esse debate, mas o trava numa dimensão totalmente diversa. Ver adiante.
6. Em última instância, contudo, referido ao divino.
7. Jack Goody, *La Logique de l'écriture*, Armand Colin, 1986, p. 172.
8. Id., p. 174.
9. Ibid.
10. Essa desvalorização, que Goody sustenta, pode parecer discutível em certos aspectos.
11. Pierre Legendre, *L'Amour du censeur*, Seuil, 1974.

12. J. Lacan, *Le Séminaire,* livro VI, *Le Désir et son interprétation,* 3 de junho de 1958 (inédito).
13. S. Freud, "Psychologie des Foules et Analyse du Moi", in *Essais de psychanalyse,* Payot, p. 123; G.W., XIII, pp. 73-161 [*Psicologia das massas e análise do ego, E.S.B.,* vol. XVIII].
14. J. Lacan, "Le Temps Logique et l'Assertion de Certitude Anticipée", in *Écrits,* Seuil, 1966, p. 213.
15. "Não nos é fácil transpor os conceitos da psicologia do indivíduo para a psicologia das massas, e não creio que cheguemos a algum resultado introduzindo o conceito de um inconsciente 'coletivo'. O conteúdo do inconsciente é realmente coletivo, de qualquer modo, como propriedade geral dos seres humanos." S. Freud (1939), in *L'Homme Moïse et la religion monothéiste,* Gallimard, 1986, col. Idées, p. 237; *G.W.*, XVI [*Moisés e o monoteísmo, E.S.B.,* vol. XXIII]. O que remete à afirmação de Lacan: "O inconsciente é o social."
16. S. Freud, *Totem et Tabou,* Payot, p. 165, *G.W.*, XIV, p. 569 [*Totem e Tabu, E.S.B.,* vol. XIII].
17. S. Freud, op. cit., p. 164.
18. J. Lacan, *O Seminário,* livro 3, *As psicoses,* Rio, Jorge Zahar, 2ª ed. revista, 1988, p. 344.
19. S. Freud, op. cit., p. 168.
20. S. Freud, "Psychologie des Foules et Analyse du Moi", op. cit., p. 189.
21. S. Freud (1913), *Totem et Tabou,* op. cit., p. 171.
22. J. Lacan, *O Seminário,* livro 7, op. cit., p. 216.
23. S. Freud, op. cit., p. 172.
24. J. Lacan, seminário, *Les Noms du Père,* 20/11/1963 (inédito).
25. J. Lacan, *Le Séminaire,* livre VI, op. cit., 29/4/1959, *Ornicar?* n. 26-27, p. 34.
26. Cf. J. Lacan, *O Seminário,* livro 7, op. cit.
27. "O homem é efetivamente possuído pelo discurso da lei, e é com ele que se castiga, em nome da dívida simbólica que não cessa de pagar sempre mais em sua neurose." J. Lacan, *O Seminário,* livro 3, op. cit., pp. 275 e 276.
28. Cf. J. Lacan, *Le Séminaire,* XVIII, *D'un discours qui ne serait pas du semblant* (inédito), *passim;* cf. também Seminário XVII, *L'Envers de la psychanalyse* (inédito), *passim.*
29. J. Lacan, Seminário XXIII, *Le Sinthome,* 11/5/1976, *Ornicar?* n. 11, p. 7.
30. O que explica que o gozo seja abordado pelo obsessivo, muitas vezes, numa vertente que podemos chamar de jurídica.
31. Cf. J. Lacan, Seminário XVII, *L'Envers de la psychanalyse,* 11/3/1970 (inédito).
32. J. Lacan, *O Seminário,* livro 7, op. cit., p. 214.
33. S. Freud (1921), "Psychologie des Foules...", op. cit., p. 198, *G.W.*, XXIII, pp. 73-161.
34. O que Freud mostra a propósito do fenômeno do pânico.
35. S. Freud, op. cit., p. 181.
36. Cf. S. Freud, op. cit., p. 194. E, no *Moisés,* Freud escreve que Moisés é o chefe (*Führer*) do povo judeu (p. 72 [da ed. franc.]).
37. S. Freud, op. cit., p. 196.

38. Ibid.
39. Cf. S. Freud, op. cit., e J. Lacan, Seminário XVII, *L'Envers de...*, op. cit.
40. Na vertente paranóica, o gozo é rejeitado para fora, com a necessidade da repetição sacrificial; na outra vertente, dele se encarregam alguns membros sacrificados, "mártires" da causa institucional.
41. S. Freud (1930), *Malaise dans la civilisation*, PUF, 1971, p. 91, *G.W.*, XIV [*O Mal-estar na cultura, E.S.B.*, vol. XXI].
42. "Nas grandes massas artificiais, a Igreja e o Exército, não há lugar para a mulher como objeto sexual. A relação amorosa entre o homem e a mulher permanece externa a essas organizações. Mesmo quando se formam massas compostas de uma mistura de homens e mulheres, a diferença entre os sexos não desempenha nenhum papel." S. Freud "Psychologie des Foules...", op. cit.
43. J. Lacan, Seminário XXII, R.S.I., 10/12/1974, *Ornicar?*, n. 2, p. 96. Lacan definiu mais precisamente o sintoma como "maneira como cada um goza com o inconsciente enquanto o inconsciente o determina".
44. Relembremos aqui a escrita do discurso do Mestre:

$$\left[\frac{S_1}{\$} \rightarrow \frac{S_2}{a}\right]$$

Cf. J. Lacan, "Radiophonie", in *Scilicet* 2/3, Seuil, 1970, p. 99. — *Allocution prononcée pour la clôture du Congrès de l'École Freudienne de Paris le 19 avril 1970, par son directeur*, in *Scilicet* 2/3, pp. 391-399.
45. Cf. acima as elaborações sobre o sacrifício de Isaac e o mito de Édipo.
46. S. Freud (1930), *Malaise dans la civilisation*, op. cit., pp. 64-65.
47. Lembramos que, na escrita da metáfora paterna, Lacan situa o Nome do Pai fora do simbólico: S(Ⱥ) ou Nome do Pai $\frac{\text{A}}{\text{Falo}}$. Cf. *Écrits*, "D'Une Question Préliminaire à tout Traitement Possible de la Psychose", Seuil, p. 557.
48. J. Lacan, "Conférence à Genève sur le Symptôme", *Le Bloc-Notes de la Psychanalyse*, n. 5.
49. S. Freud (1921), "Psychologie des Foules...", op. cit., p. 215.
50. Ibid.
51. Cf. a pronúncia perdida do tetragrama e o que é dito a Moisés: Sou aquele que sou, isto é, a impossibilidade da identidade consigo mesmo.
52. J. Lacan, *O Seminário*, livro 7, op. cit., pp. 217 e 218.
53. J. Lacan, Seminário XV, *L'Acte psychanalytique*, 21/2/1968 (inédito).
54. Cf. Pierre Clastres, *La Société contre l'État*, Minuit, 1974.
55. J. Lacan, *O Seminário*, livro 7, op. cit., p. 364.
56. F. Kafka, *L'Amérique*, trad. A. Vialatte, Gallimard.
57. Trata-se precisamente do que a psicanálise, ao desvelar o Real, designa como impossível. A desarmonia necessária.
58. A ponto de, às vezes, a própria mensagem poder acabar encobrindo a psicanálise.
59. M. Safouan, *Jacques Lacan et la question de la formation des analystes*, Seuil, 1983.

60. J. Lacan, Seminário XIX, ...*Ou Pire*, 10/5/1972 (inédito).
61. J. Lacan, "Situation de la Psychanalyse et Formation du Psychanalyste en 1956", in *Écrits*, Seuil, 1966, passim.
62. Ibid.
63. J. Lacan, ibid.
64. O Ato de Fundação de 21 de junho de 1964 consta do Anuário da Escola Freudiana de Paris.
65. J. Lacan, op. cit.
66. Cf. M. Safouan, op. cit.
67. Cf. nosso artigo "Héritage Lacanien et Institution Analytique", *Esquisses Psychanalytiques*, n. 7, 1987.
68. J. Lacan, Seminário XV, *L'Acte psychanalytique*, 21/2/1968 (inédito).
69. J. Lacan, op. cit.
70. O processo do passe foi exposto em "La Proposition du 9 Octobre 1967", in *Scilicet* n. 1, Seuil, 1968.
71. J. Lacan, "Conférence à Genève sur le Symptôme", 1975, *Les Bloc-Notes de la Psychanalyse*, n. 5, p. 9.
72. Onde o neurótico pode encontrar sua posição de sujeito. É uma questão para o analista.
73. Um ato que se repete por outros caminhos que não os da repetição, um ato que se renova. Nos últimos anos de seu ensino, Lacan sustentaria que a única transmissão possível da psicanálise é que cada psicanalista a reinvente por sua própria conta.

Fontes Bibliográficas

Abreviaturas Bibliográficas

S.E. *The Standard Edition of the Complete Psychological Works of Sigmund Freud,* org. James Strachey, Londres, Hogarth Press, 1953-1974, 24 vols.

G.W. *Gesammelte Werke,* 18 vols., Londres, Imago Publishing Co., 1940-1952.

CONTEMP. PSA. *Contemporary Psychoanalysis,* org. Max Deutscher, Ph.D., e Rose Spiegel, M.D.

J. AM. PSA. ASSOC. *Journal of the American Psychoanalytic Association,* Int. University Press.

AM. J. PSYCHOTERAPY. *American Journal of Psychoterapy,* órgão oficial da Associação para o Avanço da Psicoterapia, fundado em 1939.

INT. J. PSA. *International Journal of Psychoanalysis,* org. Joseph Sandler, Londres.

E.S.B. *Edição Standard Brasileira das Obras Psicológicas Completas de Sigmund Freud,* Rio, Imago, 24 vols.

Bibliografia

ALI, Sami, *Corps réel, Corps imaginaire,* Dunod, 1984.

ASSOUN, P.L., *L'Entendement freudien,* Gallimard, 1984.

AULAGNIER, P., "Le Désir de Savoir", in *L'Inconscient,* n. 1.

BADIE, Bertrand, *Nouvelle Histoire des idées politiques,* Hachette, 1987.

BALINT, Michael, "On the Psychoanalytic System", in *Int. J. Psa.,* 29, pp. 163-173.

———, "Changing Therapeutical Aims and Techniques", in *Int. J. Psa.,* 31, pp. 117-124.

———, "On the Termination of Analysis", in *Int. J. Psa.,* 31, pp. 196-199.

BALSAM, Rosemary H., "A Special Transference: the Perfect Patient", in *Psycho-Analytic Study of the Child*, vol. 39, 1984.

BARANDE, Robert, "Écoute Assistée et Sensibilisation au Processus Analytique", in *Études freudiennes*, n. 5 e 6, pp. 169-181, Denoël.

BARANGER, Madeleine, BARANGER, Willy, e MOM, Jorge, "Process and Non-Process in Analytic Work", in *Int. J. Psa.*, 64, 1983, parte I.

BARANGER, Willy, "Contradictions entre la Théorie et la Technique en Psychanalyse", in *Topique*, n. 3, PUF.

BECKETT, Thomas, "A Candidate's Reflections on the Supervisory Process", in *Contemp. Psa.*, vol. 5, n. 2, primavera de 1969.

BENEDEK, Thérèse, "Training Analysis, Past, Present and Future", in *Int. J. Psa.*, 50, pp. 437-447.

BERGLER, Edmund, "Use and Misuse of Analytic Interpretations by the Patient", in *The Psychoanalytic Review*, vol. 33, n. 4, 1946, pp. 416-442.

BERNFELD, S., "On the Psychoanalytic Training", in *Psychoanalytic Quarterly*, 31, 1962, pp. 453-482.

BIBRING, Edward, "Discussion on Control Analysis", in *Bulletin of Int. Psa. Ass.*, 1937, pp. 369-372.

BION, W.R., *L'Attention et l'Interprétation*, Payot, 1974 [*Atenção e interpretação*, Rio, Imago, 1973].

BIRD, Brian, "On Candidate Selection and its Relation to Analysis", in *Int. J. Psa.*, 49, parte 4, 1968.

BLEGER, José, *Psicohigiene y psicologia institucional*, Paidós, 1967, Buenos Aires.

BOURRICAUD, F., "Institutions", in *Encyclopaedia Universalis*, vol. VIII, 1968.

BUSH, George, "Transference, Countertransference and Identification in Supervision", in *Contemp. Psa.*, vol. 5, n. 2, 1969, pp. 158-163.

CASEMENT, Patrick, *On Learning from the Patient*, Tavistock, 1985 [*Aprendendo com o paciente*, Rio, Imago, 1988].

CERVANTES, *Don Quichotte, Nouvelles Exemplaires*, Gallimard, col. La Pléiade.

CLASTRES, Pierre, *La Société contre l'État*, Minuit, 1974.

DELUZ, A., GIBELLO, B., HÉBRARD, J. e MANNONI, O., *La Crise d'adolescence*, Denoël, col. L'Espace Analytique, 1984.

EKSTEIN, Rudolf e WALLERSTEIN, Robert, *Teaching and Learning of Psychotherapy*, Nova York, Basic Books, 1958.

ENRIQUEZ, Micheline, "On Forme un Analyste", in *Nouvelle Revue de Psychanalyse*, n. 20, 1979, pp. 261-389.

ERIKSON, Erik Homburger, "Freud's 'The Origins of Psychoanalysis'", in *Int. J. Psa.*, XXXVI, I, 1955, pp. 1-16.

FAVREAU, Jean, "La Formation des Psychanalystes", in *Études freudiennes*, n. 5 e 6, Denoël, pp. 51-73.

FEDIDA, Pierre, "A Propos du Retour à Freud", in *Nouvelle Revue de Psychanalyse*, n. 20, Gallimard.

———, "Technique Psychanalytique et Métapsychologie", in *Métapsychologie et Philosophie*, Les Belles Lettres, 1985.

———, *L'Absence*, Gallimard, 1978.

FERÉNCZI, Sandor, "Perspectives de la Psychanalyse" (em colaboração com O. Rank), in *Psychanalyse III*, Payot, pp. 220-237.

———, "Le Processus de la Formation Analytique", in *Psychanalyse IV*, Payot, pp. 239-246.

———, "Élasticité de la Technique Analytique", in *Psychanalyse IV*, Payot, pp. 53-66.

———, "Confusion de Langues entre les Adultes et l'Enfant", in *Psychanalyse IV*, Payot, pp. 125-139.

FLEMING, Joan, "The Role of Supervision in Psychiatric Training", in *Bulletin of the Menninger Clinic*, vol. 17, n. 5, pp. 157-170, setembro de 1953.

FLEMING, Joan, e BENEDEK, Thérèse, "Supervision, a Method of Teaching Psychoanalysis", in *Psychoanalytic Quarterly*, vol. XXXIII, 1964, I.

FREEMAN, Th., "The Psychopathology of the Psychose: a Reply to Arlow and Brenner", in *Int. J. Psa.*, 51, parte 3, pp. 407-415.

FREUD, Anna, "Difficulties in the Path of Psychoanalysis", in *The Writings of Anna Freud*, vol. 7, 1966-1970, Nova York, Int. Univ. Press, 1972.

FREUD, Sigmund:

1873-1939, *Correspondance*, Gallimard, col. Connaissance de l'Inconscient, 1966.

1894 "Neuro-Psychosis of Defence", *S.E.*, III, trad. franc. in *Névrose, Psychose et Perversion*, PUF, 1973 ["As Neuropsicoses de Defesa", *E.S.B.*, vol. III].

1895 *Études sur l'hystérie*, PUF, 1956 [*Estudos sobre a histeria*, *E.S.B.*, vol. II].

1906-1909, *Correspondance Freud-Jung*, *I*, Gallimard, 1975.

1907-1926, *Correspondance Freud-Abraham*, Gallimard, 1969.

1908 "Les Théories Sexuelles Infantiles", in *La Vie sexuelle*, PUF, 1919 ["As Teorias Sexuais Infantis", *E.S.B.*, vol. IX].

1908 "La Création Littéraire et le Rêve Éveillé", in *Essais de psychanalyse appliquée*, Gallimard, col. Idées, 1983 ["O Autor Literário e o Devaneio", *E.S.B.*, vol. IX].

1908 "La Morale Sexuelle Civilisée", in *La Vie sexuelle*, PUF, 1969 ["Moral Sexual 'Civilizada' e Doença Nervosa Moderna", *E.S.B.*, vol. IX].

1910 *Cinq Psychanalyses*, PUF, 1954 ["Fragmento da Análise de um Caso de Histeria", *E.S.B.*, vol. VII; "Análise de uma Fobia num Menino de Cinco Anos", *E.S.B.*, vol. X; "Notas sobre um Caso de Neurose Obsessiva", *E.S.B.*, vol. X; "Notas Psicanalíticas sobre um Relato Autobiográfico de um Caso de Paranóia (Dementia Paranoides)", *E.S.B.*, vol. XII; e "História de uma Neurose Infantil", *E.S.B.*, vol. XVII].

1910 "The Future Prospects of Psycho-Analytic Therapy", *S.E.*, XI, p. 144, trad. franc. in *La Technique psychanalytique*, PUF, 1953 ["Perspectivas Futuras da Terapia Psicanalítica", *E.S.B.*, vol. XI].

1911 "Formulations on the Two Principles of Mental Functionning", *S.E.*, XII, p. 218. Traduzido do alemão (*G.W.*, VIII, pp. 230-238) por Claude Conté, documentos da Escola Freudiana de Paris ["Formulações sobre os Dois Princípios do Funcionamento Psíquico", *E.S.B.*, vol. XII].

1912 "Conseils au Médecin pour le Traitement Analytique", in *De la Technique psychanalytique,* PUF, 1953 ["Recomendações aos Médicos que Exercem a Psicanálise", *E.S.B.,* vol. XII].

1913 *Totem und Tabu, G.W.,* IX, trad. franc. in *Totem et Tabou,* Payot, 1979 [*Totem e tabu, E.S.B.,* vol. XIII].

1914 "Pour Introduire le Narcissisme", in *La Vie sexuelle,* PUF, 1969 ["Sobre o Narcisismo: Introdução", *E.S.B.,* vol. XIV].

1914 "Le Moïse de Michel-Ange", in *Essais de phychanalyse appliquée,* Gallimard, col. Idées, 1983, *G.W.,* X ["O Moisés de Michelangelo", *E.S.B.,* vol. XIII].

1915 "Observations sur l'Amour du Transfert", in *De la Technique psychanalytique,* PUF, 1953 ["Observações sobre o Amor Transferencial (Novas Recomendações sobre a Técnica da Psicanálise, III)", *E.S.B.,* vol. XII].

1916-17 *Introductory Lectures on Psychoanalysis, S.E.,* XVI, p. 457, trad. franc. *Introduction à la psychanalyse,* Petite Bibliothèque Payot, 1978 [*Conferências introdutórias sobre psicanálise, E.S.B.,* vols. XVI e XVII].

1917 "A Difficulty in the Path of Psychoanalysis", *S.E.,* XVII, pp. 135-144, *Essais de psychanalyse appliquée,* Gallimard, col. Idées, 1983 ["Uma Dificuldade da Psicanálise", *E.S.B.,* vol. XVII].

1918 "Conseils aux Médecins", in *La Technique psychanalytique,* PUF, 1953, pp. 61-72.

1919 "L'Inquiétante Étrangeté", in *Essais de psychanalyse appliquée,* Gallimard, col. Idées, 1983 ["O Estranho", *E.S.B.,* vol. XVII].

1919 "Turnings on the Ways of Psychoanalytic Therapy", *S.E.,* XVII, p. 165 ["Linhas de Progresso na Terapia Psicanalítica", *E.S.B.,* vol. XVII].

1921 "Psychologie des Foules et Analyse du Moi", in *Essais de psychanalyse,* Payot, 1981, *G.W.,* XIII ["Psicologia das Massas e Análise do Ego", *E.S.B.,* vol. XVIII].

1923 "Two Encyclopaedia Articles: Psychoanalysis, The Libido Theory", *S.E.,* XVIII, p. 247, trad. franc. in *Résultats, Idées, Problèmes, II,* PUF, 1985 ["Dois Verbetes de Enciclopédia: 'Psicanálise' e 'Teoria da Libido'", *E.S.B.,* vol. XVIII].

1925 "The Resistances to Psychoanalysis", *S.E.,* XIX, pp. 211-222, trad. franc. in *Nouvelle Revue de Psychanalyse,* n. 20 ["As Resistências à Psicanálise", *E.S.B.,* vol. XIX].

1927 "Postcript to the Question of Lay Analysis", *S.E.,* XX, trad. franc. in *La Question de l'analyse profane,* prefácio de J.-B. Pontalis, Gallimard, 1985 ["A Questão da Análise Leiga" — "Pós-Escrito", *E.S.B.,* vol. XX].

1928 "L'Humour", in *Le Mot d'esprit et ses rapports avec l'inconscient,* Gallimard, col. Idées, 1981 ["O Humor", *E.S.B.,* vol. XXI].

1930 (1934), *Totem et Tabou,* Payot, Petite Bibliothèque Payot, 1979 [*Totem e tabu, E.S.B.,* vol. XIII (Prefácio à Tradução Hebraica)].

1930 "Preface to Ten Years of the Berlin Institute", *S.E.,* XIX, p. 285; *S.E.,* XXI, p. 257 ["Prefácio ao Relatório sobre a Policlínica Psi-

canalítica de Berlim", *E.S.B.*, vol. XIX; "Prefácio a *Ten Years of the Berlin Psycho-Analytic Institute"*, *E.S.B.*, vol. XXI].
1930 *Malaise dans la civilisation*, PUF, 1971 [*O mal-estar na cultura*, *E.S.B.*, vol. XXI].
1937 "Constructions in Analysis", *S.E.*, XXIII, trad. franc. in *Résultats, Idées, Problèmes, II*, PUF, 1985 ["Construções na Análise", *E.S.B.*, vol. XXIII].
1937 "Analysis Terminable and Interminable", *S.E.*, XXIII, pp. 209-254, trad. franc. in *Résultats, Idées, Problèmes, II*, PUF, 1985 ["Análise Terminável e Interminável", *E.S.B.*, vol. XXIII].
1939 *L'Homme Moïse et la religion monothéiste*, Gallimard, col. Idées, 1986 [*Moisés e o monoteísmo*, *E.S.B.*, vol. XXIII].
1942 (1905-1906) "Psychopathic Characters on the Stage", *S.E.*, VII, p. 310, trad. franc. in *Résultats, Idées, Problèmes, I*, PUF, 1984, pp. 123-130 ["Personagens Psicopáticos no Palco", *E.S.B.*, vol. VII].
1906-1908, *Minutes de la Société Psychanalytique de Vienne*, Gallimard, col. Connaissance de l'Inconscient, 1976.
1908-1910, *Minutes de la Société Psychanalytique de Vienne*, Gallimard, col. Connaissance de l'Inconscient, 1978.
1910-1911, *Minutes de la Société Psychanalytique de Vienne*, Gallimard, col. Connaissance de l'Inconscient, 1979.
1912-1918, *Minutes de la Société Psychanalytique de Vienne*, Gallimard, col. Connaissance de l'Inconscient, 1983.

FREYLING-SCHREUDER, E.C.M., "On Individual Supervision", in *Int. J. Psa.*, 51, pp. 363-370.

GADDINI, Eugenio, *Monographie n. 4 de l'Association Psychanalytique Internationale*, p. 11.

GLOVER, E., *The Birth of the Ego*, Londres, Allen & Unwin, 1968.

GOODY, Jack, *La Logique de l'Écriture*, Armand Colin, 1986.

GRANOFF, W., *Filiations*, Minuit, 1975.

GREEN, A., "Travail Psychique et Travail de la Pensée", in *Revue Française de Psychanalyse*, março-abril, 1982.

———, "L'Exercice de la Psychanalyse", in *Le Débat*, 32, nov. 1984, p. 132.

GREENACRE, Ph., "Problems of Training Analysis", in *Psychoanalytic Quarterly*, vol. 35, n. 4, 1966.

———, "Les Problèmes de l'Analyse Didactique", in *L'Inconscient*, n. 7, PUF.

GREENSON, R.R., *The Technique and Practice of Psychoanalysis*, Nova York, Int. Univ. Press, 1967 [*A técnica e prática da psicanálise*, Rio, Imago].

GRINBERG, Leon, "Relations between Psychoanalysts", in *Int. J. Psa.*, 44, pp. 362-368.

———, "The Problems of Supervision in Psychoanalytic Education", in *Int. J. Psa.*, 51, pp. 371-388.

GRINBERG, L. e RODRIGUEZ, J.F., "The Influence of Cervantes on the Future Creator of Psychoanalysis", in *Int. J. Psa.*, 1984, parte 2.

GUNTRIP, Harry, "Mon Expérience de l'Analyse avec Fairbairn et Winnicot", in *Nouvelle Revue de Psychanalyse*, n. 15, 1977, pp. 5-9.

GUYOMARD, Patrick e Vanier, Alain, "Héritage Lacanien et Institution Analytique", in *Esquisses Psychanalytiques*, n. 7, 1987.

HOFFMANN, *Les Contes d'Hoffmann*, org. A. Béguin, Les Libraires Associés.

KAËS, René, "L'Archigroupe", in *Nouvelle Revue de Psychanalyse*, n. 8, pp. 207-223.

KAFKA, Franz, *L'Amérique*, Livro I, Cercle du Livre Précieux.

KAIRYS, David, "The Training Analysis", in *Psychoanalytic Quarterly*, XXXIII, 1964.

KARDINER, Abram, *Mon Analyse avec Freud*, Belfond, 1978, pp. 12, 96, 125.

KHAN, Masud, *Le Soi caché*, Gallimard, 1976.

KLEIN, Melanie, *Essais de psychanalyse*, Payot, 1967 [*Contribuições à psicanálise*, São Paulo, Ed. Mestre Jou, 1970].

KNIGHT, R.P., "Conditions Actuelles de la Psychanalyse aux États-Unis", in *J. Am. Psy. Ass.*, n. 2, abril de 1953, pp. 197-221.

KOHUT, Heinz, "The Two Analyses of Mr. Z", in *Int. J. Psa.*, 60, 1979, pp. 3-27.

———, *Les Deux Analyses de M. Z.*, apresentação de S. Cottet, Navarin, 1986.

KOVACS, Vilma, "Training and Control-Analysis", in *Int. J. Psa.* XVII, pp. 346-355, 1936, traduzido em *Document de Travail* n. 3 do CERF, 1982.

LACAN, Jacques:

1936 "Au-delà du Principe de Réalité", in *Écrits*, Seuil, 1966, pp. 73-92.

1945 "Le Temps Logique et l'Assertion de Certitude Anticipée", in *Écrits*, Seuil, 1966, pp. 197-215.

1946 "Propos sur la Causalité Psychique", in *Écrits*, Seuil, 1966, pp. 151-193.

1953 "Le Mythe Individuel du Névrosé", C.D.U.

1953 "Fonction et Champ de la Parole et du Langage", in *Écrits*, Seuil, 1966, pp. 237-322.

1953-54 *Séminaire*, Livre I, *Les Écrits techniques de Freud*, Seuil, 1975 [*O Seminário*, livro 1, *Os escritos técnicos de Freud*, Rio, Jorge Zahar, 3ª ed., 1986].

17/2/54 Seminário, *Les Écrits techniques de Freud* (inédito).

1955 "La Chose Freudienne", in *Écrits*, Seuil, 1966, pp. 401-436.

1955-56 *Séminaire*, Livre III, *Les Psychoses*, Seuil, 1981 [*O Seminário*, livro 3, *As psicoses*, Rio, Jorge Zahar, 2ª ed. rev., 1988].

1955-56 "D'Une Question Préliminaire à Tout Traitement Possible de la Psychose", in *Écrits*, Seuil, 1966, pp. 531-583.

1956 "Situation de la Psychanalyse et Formation du Psychanalyste en 1956", in *Écrits*, Seuil, 1966, pp. 459-491.

v956-57 *La relation d'objet et les structures freudiennes*, seminário, sinopse de J.-B. Pontalis in *Bulletin de Psychologie*.

1957 "La Psychanalyse et son Enseignement", in *Écrits*, Seuil, 1966, pp. 437-458.

1957-58 *Les Formations de l'inconscient,* seminário, sinopse de J.-B. Pontalis in *Bulletin de Psychologie.*
1958-59 *Séminaire,* Livre VI, *Le Désir et son interprétation* (inédito).
1959-60 *Séminaire,* Livre VII, *L'Éthique de la psychanalyse,* Seuil, 1986 [*O Seminário,* livro 7, *A ética da psicanálise,* Rio, Jorge Zahar, 1988].
Seminário, Livro VII, *Éthique de la psychanalyse* (inédito).
20/11/63 *Les Noms du Père* (inédito).
1964 *Séminaire,* Livre XI, *Les Quatre Concepts fondamentaux de la psychanalyse,* Seuil, 1973 [*O Seminário,* livro 11, *Os quatro conceitos fundamentais da psicanálise,* Rio, Jorge Zahar, 3ª ed. 1988].
1965-66 *L'Objet de la psychanalyse,* seminário (inédito).
1966 *Écrits,* Seuil.
1967-68 *Séminaire,* Livro XV, *L'Acte psychanalytique* (inédito). Seminário resumido por Lacan em "L'Annuaire de l'École Pratique des Hautes Études", 1968-1969.
1968-69 *Séminaire,* Livre XVI, *D'un autre à l'Autre* (inédito).
1969-70 *Séminaire,* Livre XVII, *L'Envers de la psychanalyse* (inédito).
1970-71 *Séminaire,* Livre XVIII, *D'un discours qui ne serait pas du semblant* (inédito).
1971-72 *Séminaire,* Livre XIX, ... *Ou Pire* (inédito).
1970 "Radiophonie", in *Scilicet* 2/3, Seuil, 1970, pp. 55-99.
3/2/72 *Le Savoir du psychanalyste,* seminário (inédito), Sainte-Anne.
1/6/72 *Le Savoir da psychanalyste,* seminário (inédito), Sainte-Anne.
1972-73 *Séminaire,* Livre XX, *Encore,* Seuil, 1975 [*O Seminário,* livro 20, *Mais, ainda,* Rio, Jorge Zahar, 2ª ed., 1985].
11/6/74 *Les non-dupes errent,* seminário (inédito).
1974-75 *Séminaire,* Livre TXII, *R.S.I.,* publicado in *Ornicar?,* n. 2.
18/11/75 *Le Sinthome et le Père,* seminário (inédito). Uma conferência feita em Genebra foi publicada in *Les Bloc-Notes de la Psychanalyse,* n. 5.
13/4/76 *Le Réel est sans loi,* seminário (inédito).
16/11/76 *Les Identifications,* in *Séminaire,* Livro XXIV, *L'insu que sait de l'une bévue s'aile à mourre* (inédito).
17/5/77 *Vers un significant nouveau,* seminário (inédito).
LANGER, Maria & col., "A Methodological Approach to the Teaching of Psychoanalysis", in *Int. J. Psa.,* 45, 1964, pp. 567-575.
LEBOVICI, S., "Technical Remarks on the Supervision of Psychoanalytic Treatment", in *Int. J. Psa.,* 51, pp. 385-393.
LEGENDRE, Pierre, *L'Amour du censeur,* Seuil, 1974.
Lettres de l'École Freudienne, XVI, 94.
LIMENTANI, Adam, "L'Analyste Didacticien et les Difficultés Rencontrées dans l'Analyse de Formation", in *Nouvelle Revue de Psychanalyse,* n. 8, pp. 223-235.
MANNONI, Maud, *La Théorie comme fiction,* Seuil, 1979.
MANNONI, Octave, *Un commencement qui n'en finit pas,* Seuil, 1980.
———, *Freud,* col. Écrivains de Toujours, Seuil, 1969 [*Freud e a psicanálise,* Rio, Editora Rio, 1976].

———, "La Désidentification", in *Le Moi et 'lAutre*, Denoël, col. L'Espace Analytique, 1984, pp. 59-95.
MASSON, J. M., *The Complete Letters of Sigmund Freud to Wilhelm Fliess, 1887-1904*, Belknap, Harvard, 1985 [*A correspondência completa de Sigmund Freud para Wilhelm Fliess, 1887-1904*, Rio, Imago, 1986].
MELTZER, Donald, *The Psychoanalytical Process*, Heinemann, Londres, 1967, pp. 32-33.
MELTZER, Françoise, "The Uncanny Rendered Canny", in *Introducing Psychonalytical Theory*, org. Sander L. Gilman, Brunner Mazel, Nova York, 1982.
MIJOLLA-MELLOR, Sophie, "Verité ou Fantasme de Vérité", in *Métapsychologie et Philosophie*, Les Belles Lettres, 1985.
MOREAU, Michelle, "Analyse Quatrième, Contrôle, Formation", in *Topique*, n. 18, EPI, pp. 63-89.
MOULTON, Ruth, *Multiple Dimensions* in *Supervision*.
———, "My Memories of Being Supervised", in *Contemp. Psa.*, vol. 5, n. 2, 1969.
MYERS, W.A., "Micropsia and Testicular Retractions", 1977, *Psychoanalytic Quarterly*, 46, pp. 580-604.
ORNICAR? n. 12-13, *Sur l'Expérience de la Passe*, n. 26-27, divulgada pela Seuil.
ORNSTEIN, Paul H., "Selected Problems in Learning How to Analyze", in *Int. J. Psa.*, 48, pp. 448-462.
PERRIER, Natalie, "Histoire Critique des Institutions Analytiques", in *Topique*, n. 2, PUF.
PETERFREUND, Emmanuel, *The Process of Psychoanalytic Therapy*, Nova Jersey e Londres, The Analytic Press, 1983.
PLATÃO, *Phèdre*, in *Oeuvres*, vol. II, La Pléiade.
PONTALIS, Jean-Bertrand, *Après Freud*, Gallimard, col. Les Essais, 1968, reproduzido na col. Idées, 1971.
———, *Jeu et Réalité*, Gallimard, 1975.
———, *Entre le rêve et la douleur*, Gallimard, 1977.
PONTALIS, J.-B., ROSOLATO, G. e ANZIEU, D., "A Propos du Texte de Guntrip", in *Nouvelle Revue de Psychanalyse*, n. 15, 1977.
RANGELL, Leo, "The Ending of an Analysis", in *Psychoanalysis in the Americas*, org. Robert E. Litman, Int. Univ. Press, Nova York, 1966.
REIK, Th., *Listening with the Third Ear*, Garden City Book, Nova York, 1951, trad. franc. *Écouter avec la troisième oreille*, Denoël, 1976.
———, *Le Psychologue surpris*, Denoël, 1976.
ROAZEN, Paul, *Political and Social Thought*, Hogarth Press, 1969.
ROSENFELD, Herbert A., *États psychotiques*, PUF, 1976.
ROSOLATO, Guy, "Interprétation et Castration", in *Essais sur le symbolique*, Gallimard, 1969.
ROUDINESCO, Elisabeth, *Le Débat*, n. 32, pp. 136-140, Gallimard.
ROUSTANG, François, *Un Destin si funeste*, Minuit, 1977.
RUBIN, Bernard, "Freud and Hoffman", in *Introducing Psychoanalytic Theory*, org. Sander L. Gilman, Brunner Mazel, Nova York, 1982.
SAFOUAN, M., *Jacques Lacan et la question de la formation des analystes*, Seuil, 1983.

———, *L'Échec du principe du plaisir*, Seuil, 1979.

SCHNEIDER, Michel, "La Question en Débat", in *La Question de l'analyse profane (Freud)*, Gallimard, col. Connaissance de l'Inconscient, 1985.

———, *Voleurs de mots*, Gallimard, col. Connaissance de l'Inconscient, 1985.

———, Prefácio, *Minutes IV*, Gallimard, col. Connaissance de l'Inconscient, 1983.

SCHUMACHER FINELL, Janet, "Narcissistic Problems in Analysis", in *Int. J. Psa.*, 66, 1985, pp. 433-447.

SCHWABER, Evelyne, "A Particular Perspective on Analytic Listening", *in Psychoanalytic Study of the Child*, vol. 38.

Scilicet, n. 1, *Proposition du 9 octobre 1967*, Seuil, 1968.

———, *De la psychanalyse dans ses rapports avec la réalité*, pp. 51, 57, 59, Seuil, 1968.

Scilicet, n. 2/3, Seuil, 1970: "Radiophonie", pp. 55-99.

Scilicet, n. 6/7, Seuil, 1976, p. 10.

SHAPIRO, Daniel, "The Training Setting in Training Analysis", in *Int. J. Psa.*, 55, 2, pp. 297-306.

SICHÈRE, Bernard, *Le Moment lacanien*, Grasset, 1983.

SLAP, Joseph, W., "Book Reviews", in *Int. J. Psa.*, vol. 66, parte 3, 1985.

SOLNIT, Albert J., "Learning from the Psychoanalytic Supervision", in *Int. J. Psa.*, 51, 1970, pp. 359-363.

STEIN, Conrad, "Notes Relatives au Statut Scientifique et au Statut Social de la Psychanalyse", in *Études freudiennes*, n. 5 e 6, pp. 73-153.

———, "Le Secteur Réservé du Transfert", 1968, reproduzido in *La Mort d'Oedipe*, Denoël, 1977.

STREAN, Herbert S., "Some Psychological Aspects of Psychoanalytic Training", in *Psa. Review*, vol. 52, n. 4, 1965-1966, pp. 41-51.

SZASZ, Thomas, "Psychoanalytic Training", in *Int. J. Psa.*, XXXIX, 1958, pp. 598-614.

———, "Psychoanalysis and Taxation", in *Am. J. Psychotherapy*, XVIII, n. 4.

VALABREGA, Jean-Paul, "Nouvelles Remarques sur la Formation Analytique", in *Études freudiennes*, n. 5 e 6, pp. 153-169.

———, "La Formation du Psychanalyste", Belfond, 1979.

Vários autores, *On forme des psychanalystes: l'Institut de Berlin 1920-1930*, prefácio de Sigmund Freud, apresentação de Fanny Colonomos, Denoël, col. L'Espace Analytique, 1985.

VASSE, Denis, *Le Temps du désir*, Seuil, 1969.

WALLERSTEIN, Robert S., *Becoming a Psychoanalyst*, Nova York, Int. Univ. Press, 1981.

WINDHOLZ, Emmanuel, "The Theory of Supervision in Psychoanalytic Educations", in *Int. J. Psa.*, vol. 51, parte 3, pp. 393-406, 1970.

WINNICOTT, D.W., "La Haine dans le Contre-transfer", in *De la pédiatrie à la psychanalyse*, Payot, 1969 [*Da pediatria à psicanálise*, Rio, Ed. Francisco Alves, 1978].

———, *Jeu et Réalité*, Gallimard, col. Connaissance de l'Iconscient, 1975 [*O brincar e a realidade*, Rio, Imago, 1975].

ZINBERG, Norman E., "Psychoanalytic Training and Psychoanalytic Values", in *Int. J. Psa.*, vol. 48, I, pp. 88-97.

ÍNDICE DE NOMES

Índice dos Casos Citados

ÍNDICE ANALÍTICO